BIBLIOTECA DE DERECHO ADMINISTRATIVO

Luigi Garofalo
(Director)

Carlos Antonio Agurto Gonzáles
Sonia Lidia Quequejana Mamani
Benigno Choque Cuenca
(Coordinadores Generales)

Lucy Jeannette Bermúdez Bermúdez

Apuntes Generales sobre el Control y la Responsabilidad Fiscal en Colombia

Edición al cuidado de
Carlos Antonio Agurto Gonzáles
Sonia Lidia Quequejana Mamani
Benigno Choque Cuenca

Ediciones Olejnik

Título: Apuntes Generales sobre el Control
y la Responsabilidad Fiscal en Colombia

Huérfanos 611, Santiago - Chile
E-mail: contacto@edicionesolejnik.com
Web site: http://www.edicionesolejnik.com

Primera edición en Ediciones Olejnik: 2022

ISBN: 978-956-407-159-6

Diseño de Carátula: Ena Zuñiga
Diagramación: Luis A. Sierra Cárdenas

Impreso en Argentina 2022 Printed in Argentina

ÍNDICE

II.
ÓRGANOS DEL CONTROL FISCAL

III.
PROCESO DE RESPONSABILIDAD FISCAL

IV.
CONSECUENCIAS DEL FALLO DE RESPONSABILIDAD FISCAL

V.
PROCESO DE JURISDICCIÓN COACTIVA

VI.
RESPONSABILIDAD SOLIDARIA

VII.
CONSECUENCIA DEL PAGO PARA REPARAR EL DAÑO

VIII.
CONTROL JURISDICCIONAL

IX.
CONSECUENCIAS DEL FALLO ANULATORIO

X.
BIBLIOGRAFÍA

INTRODUCCIÓN

El control fiscal es una manifestación del poder coercitivo del Estado, que por mandato constitucional expreso ha sido delegado a la Contraloría General de la Nación y a las Contralorías Territoriales, en virtud del artículo 267 Superior. Este se ejerce a través de los mecanismos de vigilancia y fiscalización de los órganos de control, que se adelantan por medio del control previo y selectivo, así como el control concomitante y preventivo, que fue introducido con el Acto Legislativo 04 de 2019.

La responsabilidad fiscal es una figura jurídica con la cual, los órganos de control fiscal buscan determinar los daños patrimoniales causados al patrimonio público, en aras de perseguir el resarcimiento del erario, con el fin de recuperar los recursos y fondos públicos malversados, por la conducta antieconómica de un gestor fiscal.

Como consecuencia de lo anterior, surge el proceso de responsabilidad fiscal, como el principal mecanismo jurídico con el que cuentan las Contralorías para determinar objetivamente la conducta que ocasionó el deterioro del patrimonio público, así como la cuantificación patrimonial del daño, y así poder perseguir la recuperación de los fondos malversados. Dicho proceso se adelanta a través de un trámite que garantiza el debido respeto a las garantías procedimentales de los investigados.

Una vez este se agota el trámite administrativo, el funcionario que dirige el proceso, mediante un acto administrativo motivado, decide si el funcionario público o particular que adelanta una gestión fiscal, es declarado o no fiscalmente responsable por su conducta dolosa o gravemente culposa, llegando a darse al denominado fallo con o sin responsabilidad fiscal, dependiendo si existe o no un detrimento de los bienes del Estado.

Si el fallo se da con responsabilidad fiscal y una vez se encuentre en firme, se consolida la obligación por parte del gestor fiscal de retribuir el daño causado a los recursos públicos, además de producirse otros efectos adicionales al pago de la condena, tales como la inclusión en el boletín de responsables fiscales, las inhabilidades tanto para vincularse a la administración pública como para contratar con el Estado, entre otras que disponga la ley, los cuales cesarán únicamente con el pago de la condena o con la nulidad del acto administrativo constitutivo del fallo de responsabilidad fiscal.

Así mismo, las Contralorías cuentan con una herramienta jurídica adicional, para garantizar la recuperación de los recursos y fondos públicos que fueron malversados, se trata del proceso de jurisdicción coactiva, que faculta a estas entidades para perseguir o ejecutar el pago de lo adeudado por el responsable fiscal, sin necesidad de acudir al poder judicial. Al igual que el proceso de responsabilidad fiscal, se da con arreglo a las garantías procedimentales del debido proceso, así como la procura de la preservación y recuperación del patrimonio público, como fin último del control fiscal.

Si bien existe un trámite administrativos que permiten a las Contralorías garantizar la protección del patrimonio público, valiéndose de medios coercitivos y de facultades excepcionales exclusivas de los órganos de control, el ordenamiento jurídico colombiano también dispone la posibilidad de que los agentes fiscales puedan acudir a la jurisdicción contenciosos administrativa, con el propósito de controvertir las actuaciones de los entes fiscalizadores, a fin de que sean revisados los actos administrativos que allí se profieren.

De esta manera, los declarados finalmente responsables, cuentan con la posibilidad de activar la jurisdicción a través del medio de control de nulidad y restablecimiento del derecho, con el cual pueden solicitar al juez competente que revoque el acto que impone la condena, así como el restablecimiento de los derechos afectados y la eventual indemnización.

Sin embargo, aunque el ordenamiento jurídico, contenía tal posibilidad, con el acto legislativo 04 de 2019 y la Ley 2080 de 2021, se estableció el control automático de legalidad del fallo con responsabilidad, como un trámite mediante el cual, la jurisdicción contencioso administrativa, de oficio, deberá revisar la actuación que se dio en sede administrativa para convalidar lo sucedido, o por el contrario declarar la nulidad del acto condenatorio.

Pero, pese a que pareciera ser un mecanismo novedoso y bondadoso con los intereses de los hallados fiscalmente responsable, el Consejo de Estado no tardó en inaplicarlo, toda vez que consideró, que con el control automático se priva al directamente afectado de ejercer sus derechos a presentar la demanda, a solicitar medidas cautelares y a la práctica de prueba, entre otras tantas garantías que se dejan de ejercer con dicho trámite.

En estos momentos, cursa ante la Corte Constitucional el estudio de constitucionalidad de las normas que regulan el control automático de legalidad, a fin de determinar si se ajustan o no a la Carta Política.

Dicho lo anterior, a lo largo del presente texto se examinará cómo la ley, la Jurisprudencia y la Doctrina, se refieren al trámite del control y la responsabilidad, en todas sus etapas y procesos, así como la estructura y facultades de la Contraloría General de la Nación y de las Contraloría Territoriales, como órganos de control fiscal, delegados por la misma Constitución en aras de cumplir con los fines del Estado Social de Derecho a través de la preservación del patrimonio público.

Desde esa perspectiva se expondrá al lector un conjunto de apuntes generales sobre la noción, objeto, trámite y consecuencia del control y la responsabilidad fiscal, que permita entender el panorama actual de estas figuras y su aplicación con apego a la Constitución y a la ley.

I.

FUNDAMENTOS DEL CONTROL Y LA RESPONSABILIDAD FISCAL

1. Históricos

a) La colonia española

En Colombia, la Contraloría General de la República (1983), indagando sobre los vestigios más antiguos del control fiscal, encontró que este se remonta a la antigua España colonizadora, cuando en el año 1319 el entonces monarca Felipe V, instituyó la Cámara de Cuentas, como una entidad administrativa y judicial encargada de la supervisión financiera y jurídica de todos los asuntos de la Corona.

Si bien este antecedente se remonta a la antigua España monarca, resulta ser un antecedente directo para el entorno colombiano, toda vez que como territorio colonizado por la Corona de la época, fue fuertemente influenciado por la cultura jurídica del país europeo, así como fue objeto de control de las instituciones españolas que luego se conformaron para la supervisión de los negocios de la Monarquía.

Con el pasar de los años y la constante actividad colonizadora de España, y el notable manejo de recursos apropiados por la misma, se dio origen a los denominados «Contadores Mayores de Castilla» quienes tal como lo afirma Younes Moreno (1995) se encargaban de acompañar las campañas colonizadoras con el propósito de garantizar el correcto manejo de los recursos extraídos de las civilizaciones conquistadas y su posterior traslado a territorio europeo.

Durante la colonia española, por su constante expansión en territorio americano, y el consecuente aumento patrimonial que ello significaba, al pasar de los años, surgieron nuevas instituciones que fortalecían el control de los negocios de la corona, como el Tribunal de la Real Audiencia de Santo Domingo en el año 1511 y el Supremo Consejo de las Indias en 1518, con una característica especial, y es que para la época todo funcionario que se encontraba responsable de malversar los recursos de la monarquía, era condenado a la pena capital, sin excepción alguna.

Posteriormente, Felipe III en el año 1604, daría origen a los Tribunales de Cuentas en los diferentes territorios colonizados por España, como lo fue el Tribunal de Cuentas de Santa Fe de Bogotá, quienes se encargaban de vigilar a los funcionarios quienes debían rendir sus balances financieros al órgano sancionatorio, so pena de ser castigados por la incorrecta administración de los recursos, especialmente en los lugares con mayor explotación de materiales preciosos.

Según lo explica Armando Gómez Latorre (1983) los Tribunales de Cuentas se asimilaban a la figura de contralorías territoriales en los virreinatos, capitanías y presidencias, con los que la corona se encargó de dividir su extensa monarquía colonial en la Américas, dotándolos de facultades administrativas en sus territorios, facilitando el control y manejo de los recursos extraídos del nuevo mundo.

Pese a que los anteriores hechos históricos datan de algunos vestigios de lo que hoy se conoce como control fiscal, autores como Diego Younes Moreno (1987) considera que estos no pueden ser considerados antecedentes directos del control fiscal, toda vez que en la época colonial se buscaba vigilar los recursos de la monarquía, más no de un Estado propiamente dicho, es decir, no es la población la que busca fiscalizar los recursos públicos, sino es el monarca quien buscaba proteger su patrimonio.

b) La Colombia independizada y el periodo entre constituciones

Es solo hasta la revolución francesa, con las nacientes teorías del Estado, y la consolidación de la representatividad del pueblo en las instituciones, que se consolida un proceso fiscalizador de la ciudadanía, función delegada a los funcionarios públicos, y se consolida un verdadero antecedente del control fiscal, siendo instituida la Corte de Cuentas por parte del emperador Napoleón Bonaparte, el 16 de septiembre de 1807, derogando las antiguas oficinas de contabilidad.

Dicha institución fue apropiada por varios países de Europa y América, lo que no fue ajeno a la Colombia recientemente independizada, que una vez culminada la batalla de Boyacá e instituida la nueva República, ante el desastre económico, social e incluso político de la nueva figura de Estado, comenta Margarita González (1982) obligó a replantear todo el sistema fiscal en su marco ideológico, por lo cual el General Francisco de Paula Santander decretó la reducción de sueldos de funcionarios públicos, con el propósito de recuperar el deteriorado erario de la época.

La primera Constitución de la República independiente, promulgada el 15 de agosto de 1810 en el Estado del Socorro, se consolida la soberanía del pueblo, no solo en los aspectos sociales y políticos, sino, también, en la reglamentación del fisco, quienes, por ejemplo, declararon libres a los indios de la provincia, del pago de impuestos, con el fin de retribuir el daño que la conquista les ocasionó.

Y es que desde entonces las constituciones provinciales y las de la República, destacan por exaltar la soberanía radicada en el pueblo, tal como lo explica Cesar Giraldo (1991), determinando sus tributos, la destinación del presupuesto provincial o republicano, así como la rendición de cuentas de sujetos fiscalizadores, visto desde la óptica de la concepción moderna de control fiscal.

De otra parte, la Constitución de Cartagena de Indias de 1813, otorgó al constituyente secundario, ya no solo la facultad de establecer los tributos y organizar el gasto, sino también, vigilar a los funcionarios que se encargaban del manejo del erario.

Posteriormente el General Santander expediría la «Ley principal contra los empleados de hacienda» del 23 de octubre de 1819, reduciendo a la mitad las erogaciones de los funcionarios públicos, e imponiendo la pena capital a los funcionarios que les fuera atribuido fraude o malversación de recursos, teniendo como prueba el simple informe de los tribunales, sin necesidad de establecer un proceso jurisdiccional, tal como lo establecía el artículo primero de la mencionada Ley.

Durante el mismo año de 1819 Simón Bolívar constituyó 2 nuevos órganos de naturaleza fiscal, el primero creado el 14 de septiembre, siendo este el Tribunal Mayor de Cuentas, y posteriormente el 23 de octubre la Dirección y Superintendencia General de Hacienda, esta última con funciones asimilables a las que hoy son encargadas a la Contraloría.

Con la promulgación de la Constitución de 1921, se ratificaron algunos principios existentes sobre el gasto público, que siguen vigentes aún en la actualidad, contemplando en su artículo 180 la obligación de publicar anualmente los ingresos y gastos, así como la prohibición expresa de cambiar la destinación de los fondos públicos a fines diferentes a los previstos en el presupuesto anual, y por mandato constitucional se ordena la creación de un órgano encargado del control fiscal.

Mediante la Ley del 6 de octubre de 1821, nace la Contaduría General de Hacienda, conformada por funcionarios públicos designados por el Gobierno de la República, institución que fue revocada en 1824 con el Plan Orgánico de la Hacienda Nacional, dando inicio a la Dirección Nacional de la Hacienda y a las Contadurías Generales de Hacienda que dependían directamente de la primera, dando inicio a la gran cantidad de reformas a las instituciones que se les ha encomendado el control fiscal tal como lo afirma Luis Fernando López Garavito (1992),

Esta última institución, ante los notables cambios en las ideas políticas propias de la época y la falta de una idea común, que se manifestaron en los constantes cambios de las Leyes y Decretos, así como las nacientes constituyentes, provocaron que la Contaduría General de Hacienda sufriera de diversas reformas, lo que incluso llevó a que con la Constitución de 1832 se volviera a instituir la Contaduría General de Hacienda, igualmente reformada en 2 ocasiones, antes de que se manifestara la notable influencia francesa en esta materia.

Es así que con la influencia de la revolución francesa y las instituciones creadas por Napoleón, se promulga la Ley Orgánica de la Hacienda del 17 de junio de 1847, sustituyendo las antiguas entidades por la novedosa Corte de Cuentas de origen francés, dependiente del poder ejecutivo, con un nuevo modelo de rendición de cuentas y funciones exclusivamente fiscales.

Posteriormente en el año 1850 con la Ley del 20 de abril, se constituye la Oficina General de Cuentas, con las mismas funciones de la Corte de Cuentas, que con una nueva reforma en 1857, se extrae del ejecutivo la facultad para designar a los miembros que conformaban la Oficina de Cuentas, trasladando esta función al órgano legislativo, así como la posibilidad de apelar las decisiones de esta última en sede judicial para los funcionarios ordenadores que fueren sancionados.

Con la promulgación de la Constitución de los Estados Unidos de Colombia de 1863, de naturaleza federal, se atribuyó a la Cámara de Representantes la obligación de examinar y fenecer las cuentas del Tesoro Nacional, según lo estipulado en el numeral primero del artículo 53 de la entonces Norma Superior. Años más tarde, en 1873, se expediría el Código Fiscal, como la última reforma del periodo federal de Colombia, antes de su última desintegración y la vigente concepción de la República de Colombia.

La Constitución Política de Colombia de 1886, en su título XIX que habla sobre la hacienda, establece la conformación la cartera de hacienda, así como las reglas para la conformación del patrimonio Nacional y la forma en que deben operar las instituciones encargadas del manejo del erario. Bajo la vigencia de esta última, se promulgó la Ley 36 de 1898 que retoma la figura del Corte de Cuentas, modificada posteriormente por las Leyes 61 de 1905, 36 de 1918 y 61 de 1921.

Se destaca la reforma de la Ley 110 de 1912 con la que se promulgaba el nuevo Código fiscal, que otorgó al Tribunal Supremo de los Contencioso administrativo la función de elegir a los funcionarios de la Corte de Cuentas, reguló a los funcionarios de manejo, estableció reglas para la supervisión de la cuentas, y reglamentó los procedimientos con los cuales se adelantaba la revisión de las mismas, así como la facultad de imponer sanciones a los funcionarios públicos, sea por infracciones al Código Fiscal, o incluso por incurrir en delitos. Con esto, se encuentra el último vestigio de la influencia francesa en esta materia tal como lo presenta el autor Esteban Jaramillo (1930), quien fuere designado para coordinar la misión Kemmerer y consolidar nuevos postulados del sistema anglosajón, como se presentará a continuación.

c) La naciente Contraloría General de la República y la misión Kemmerer

Terminada la última parte del siglo XIX y entrando a la primera etapa del siglo XX, hubo grandes acontecimientos, como un periodo lleno de conflictos internos en los diferentes Estados de la Colombia Federal, guerras civiles que buscaban imponer una u otra ideología política y la guerra de los mil días, que dejó como consecuencia la separación de Panamá, Colombia sufría de una crisis política, social y principalmente económica, dejando a los gobernantes del entonces nuevo siglo, la obligación de tomar medidas para retomar el curso fiscal del Estado.

Por aquellas épocas, de insipiente modernización de la industria, la proyección del café como un activo valioso para el Estado y la población, la extensión y crecimiento del sector público y el pago por parte de Estados Unidos a Colombia como indemnización a la salida del territorio panameño de la jurisdicción colombiana, traían consigo grandes expectativas para el crecimiento económico del país. Sin embargo, los fallidos intentos por instituir una banca central, los retrasos en el crecimiento de la industria y la descontrolada emisión de moneda ante la incertidumbre de preservar o no el patrón oro, causaron que la incertidumbre aumentara, y consigo una inflación elevada y falta de credibilidad para pagar la deuda exterior y adquirir nuevos créditos.

Ante tal panorama, durante el Gobierno del entonces Presidente Pedro Nel Ospina, facultado por el Congreso por la Ley 60 del mismo año para contratar en el exterior, se puso en marcha la conocida «Misión Kemmerer», en la cual, el Embajador de la época fue designado por el máximo gobernante para contratar un grupo de expertos para presentar nuevas ideas que permitieran plantear reformas en la administración pública y el manejo de la economía, se consideró que estos debían provenir del exterior, que fueran independientes de la fuerzas políticas propagadas en el interior del país.

El grupo de expertos fue liderado por el profesor Walter Kemmerer, en honor a quien se le atribuyera el nombre de la misión; Howard Jefferson; Fred Fairchild; Tomas Searle; y Frederick Luquiens; con experiencia en banca, métodos fiscales y manejo de la moneda, así como un traductor, ya que estos provenían de Estados Unidos, quienes arribaron a territorio colombiano el 10 de marzo de 1923, tal como lo data Paul Drake (1983).

Una vez el equipo asesor culminó sus labores, presento al Estado colombiano las respectivas memorias, informes y recomendaciones, que fueron apropiadas por el Gobierno de Pedro Nel Ospina y se tradujeron en 10 diferentes proyectos de Ley, de los cuales 8 fueron aprobados por el Congreso Nacional, entre las cuales se daba solución a algunas problemáticas de la época de las que ya se reseñaron, creando el Banco de la República, reglamentando la fijación del Presupuesto Nacional, reorganizando la contabilidad del Estado, y la más importante para el presente escrito, la creación del Departamento de la Contraloría.

Con la Ley 42 del 19 de julio de 1923, conformada por 15 capítulos, se creó el Departamento de Contraloría, como un Departamento administrativo independiente, a cargo de un Contralor General de la República, quien era nombrado por el Presidente, para periodos de 4 años, aprobado por la Cámara, encargado de salvaguardar el erario, adelantar investigaciones fiscales de oficio o por petición de los máximos órganos del nivel Nacional o Territorial, entre otras tantas facultades.

La mencionada Ley, fue demanda ante la Corte Suprema de Justicia, al considerar que era inconstitucional toda vez que no se podía concebir al Departamento de la Contraloría como un órgano independiente, y que a su vez este no podía ser liderado por un funcionario designado por el Presidente, ya que este último era sujeto de control fiscal, la Corte en providencia del 9 de agosto de 1924 decidió la exequibilidad de la norma, exponiendo que al ser un ente de máxima autoridad administrativa, debe preservar su independencia y que a su vez la elección por parte del Presidente, no significa que el Contralor dependa de este último, ya que este se ratifica en un órgano con plena autonomía.

En el año de 1930, se dio origen a la segunda misión Kemmerer, encargada de realizar un balance sobre las modificaciones fruto de la pasada misión, así como una revisión de los balances económicos del Estado ante la gran crisis mundial de la época, en esta oportunidad los expertos recomendaron modificar la Ley orgánica de 1923, que concluyó con la expedición del Decreto Legislativo 911 de 1932, siendo el primero en hablar de la prohibición de coadministración por parte del Departamento de la Contraloría, norma declarada exequible en providencia del 30 de marzo de 1933 por parte de la Corte Suprema de Justicia.

Posteriormente, con el Acto Legislativo No. 1 de 1945, por primera vez consagró a la Contraloría General de la República como un órgano de naturaleza constitucional, dotándolo de plena independencia en el ejercicio del control fiscal, estableciendo las funciones y la forma de elección del Contralor, y definiendo su nombre definitivo el cual se encuentra hoy vigente.

Al ser una norma de rango superior, era necesario que una Ley la desarrollará, como consecuencia de esto, se promulgó la Ley 58 de 1946, que reglamentó y estableció los alcances del control fiscal, dando la calidad de instructores fiscales a los funcionarios de la Contraloría, quienes estaban facultados de suspender e incluso, detener preventivamente a los funcionarios investigados. Años más tarde con la Ley 151 de 1959, se ampliarían las facultades de la Contraloría, supervisando el gasto público de los niveles centralizado y descentralizados.

En la presidencia el mandatario Carlos Lleras Restrepo, se presentó al Congreso un cúmulo de modificaciones de rango constitucional en diferentes materias, entre ellas, una reforma a la Contraloría, la cual concluyó con el

Acto Legislativo No. 1 de 1968, que aumentó el periodo del Contralor de 2 a 4 años, siendo éste elegido por la Cámara de Representantes.

Durante el Gobierno de Alfonso López Michelsen, fue expedida la Ley 20 de 1975, con la cual se pretendía unificar la gran diversidad de normas referentes al control fiscal, reglamentada por los Decreto 924, 929 y 937 de 1976; se manifestó un nuevo paradigma en el control fiscal, estableciendo un control previo y posterior, en el cual los funcionarios públicos y las entidades del Estado no eran los únicos sujetos de control fiscal, incluyendo a cualquier persona que a cualquier título manejara dineros de la administración, así como un régimen especial para la empresas industriales y comerciales del Estado.

Con la promulgación de la Ley de 1975, fue evidente el aumento burocrático de la Contraloría, además de la crisis de la coadministración que significaba el control previo y perceptivo, tal como fue expuesto por la Corte Constitucional (2001) comentando la incompatibilidad del control previo con los preceptos de la nueva Constitución de 1991, discusiones que se evocaron en el curso de la Asamblea Constituyente de la 1991, dando origen al régimen de control vigente en la actualidad, con algunas modificaciones, ordenamiento jurídico objeto del presente texto.

2. Axiológicos

El fundamento axiológico de una figura tan importante como lo es el Control Fiscal, se soporta en la importancia de los recursos públicos para dar cumplimiento a los fines del Estado de los que trata el artículo 2 de la Constitución Política de 1991, dentro del marco del Estado Social de Derecho y la imperiosa prevalencia de la dignidad humana.

Al respecto, la Corte Constitucional se ha referido a la estrecha relación entre el control fiscal y el Estado Social de Derecho, no solo porque con este se garantiza la consecución de los fines del Estado, sino también, porque con este se pretenden resolver las preocupaciones propias del modelo moderno de Nación, como lo es el costo ambiental, inquietud latente en la ciudadanía y la comunidad internacional, en tal sentido el Alto Tribunal «ha considerado que este control fiscal se encuentra dentro de la filosofía del Estado Social de Derecho, y se dirige a la aplicación de los principios de eficacia económica, equidad y valoración de los costos ambientales» (Corte Constitucional. C-557 de 2009. M.P. Luis Ernesto Vargas Silva).

Por otra parte al referirse a la axiología del control fiscal, se debe remitir al estudio los valores filosóficos que la gobiernan, que en materia jurídica, se ha instituido en el principio de la moralidad administrativa, de la que trata la Ley 1437 de 2011 y su jurisprudencia concordante, especialmente la del Consejo de Estado, en ese sentido «la defensa del patrimonio público, como derecho colectivo, hace alusión al interés que tiene la comunidad en general para proteger los elementos que lo componen; a su vez, la moralidad administrativa no tiene un contenido predeterminado, pues como se dijo, se precisa en cada caso» (Sala de lo Contencioso Administrativo. Sección Tercera. Sentencia del 7 de octubre de 2004. C.P. Alier E. Hernández Enríquez).

Y es que tanto la máxima autoridad de lo contencioso administrativo, como la Corte Constitucional, suscriben el sometimiento de los funcionarios a la moralidad administrativa como sujetos reglados, manifestación propia de la axiología o los valores de la administración, entre otras, para el control fiscal, igualmente están de acuerdo que ello no se limita «al fuero interno de los servidores públicos sino que abarca toda la gama del comportamiento que la sociedad en un momento dado espera de quienes manejan los recursos de la comunidad y que no puede ser otro que el de absoluta pulcritud y honestidad» (Corte Constitucional. C-101 de 2018. M.P. Jorge Iván Palacio Palacio).

Por otra parte, la Corte Constitucional (2001) ha identificado los nuevos paradigmas del constitucionalismo moderno, consagrados en la Constitución de 1991, que en el caso del control y la responsabilidad fiscal, fueron plasmados en el artículo 267 Superior, modificando la esencia de la vigilancia en la gestión fiscal, en efecto en un principio se inclinó la Carta por un control posterior y selectivo, dejando atrás el control previo, que rompía con los principios de separación de poderes, creando nuevos valores inherentes a la prohibición de coadministración tal como lo señaló la Corte Constitucional en providencia C-557 del 20 de agosto de 2009.

Pese a lo anterior, en el año 2019, con la promulgación del Acto Legislativo 04 del mismo año, se instauró en Colombia la figura de Control Concomitante y Preventivo, que de forma excepcional, permite a la Contraloría advertir un daño inminente o que ya se ha empezado a causar, bajo una reglas muy estrictas, pero no por ello se retoma el viejo sistema que la Carta buscaba cambiar, así lo explicó la Corte Constitucional (2020) que en sentencia C-140 de 2020, declaró la exequibilidad de la norma, argumentando que el contenido integral de la norma no significa que pueda existir coadministración, por su naturaleza excepcional y ser una facultad exclusiva del Contralor en ciertas materias específicas, preservando la división de poderes.

En suma, el máximo tribunal de la Jurisdicción Constitucional, ha sido enfático en señalar que «la vigilancia de la gestión fiscal se ejerce de manera integral» no sólo evaluando una simple operación contable, sino revisando el completo sistema de actuaciones de la administración en el gasto y recaudo de los recursos públicos con el único propósito de «cumplir los fines esenciales del Estado.» (Corte Constitucional. C-648 de 2002. M.P. Jaime Córdoba Triviño)

3. Teleológicos

Cuando se indaga por los fundamentos teleológicos de una institución jurídica, se pretende responder a los fines, propósitos u objetivos por los cuales se dio origen a dicha figura normativa, en nuestro caso, se presenta el análisis jurisprudencia que ha dado respuesta a la finalidad del control y la responsabilidad fiscal, de los cuales ya se ha dado luces en los fundamentos históricos que se reseñaron en un primer momento.

Los principales propósitos del vigente control fiscal fue, modificar radicalmente el régimen anterior, conjurando las críticas por el rompimiento de la división de poderes, en el cual se le acusaba a la Contraloría de ser un órgano coadministrador del ejecutivo, impidiendo el normal funcionamiento de la gestión pública por lo cual la Corte Constitucional concluye que «el esquema de control fiscal actual se diseñó entonces en función de la defensa efectiva del patrimonio público» (Corte Constitucional. C-101 de 2018. M.P. Jorge Iván Palacio Palacio).

Así mismo, los fines del control fiscal, se enmarcan dentro de la naturaleza del mismo Estado Social de Derecho, que como se explicó en los fundamentos axiológicos, está íntimamente ligado a los fines del Estado, sobre ello se ha referido la Corte Constitucional, argumentando que:

> De acuerdo con lo señalado, la vigilancia de la gestión fiscal tiene como fin la protección del patrimonio público, la transparencia en todas las operaciones relacionadas con el manejo y utilización de los bienes y recursos públicos, y la eficiencia y eficacia de la administración en el cumplimiento de los fines del Estado. Estas medidas se enmarcan por la concepción del Estado social de derecho, fundado en la prevalencia del interés general, y propenden por el cumplimiento de los fines esenciales del Estado.» (Corte Constitucional. C-648 de 2002. M.P. Jaime Córdoba Triviño).

En ese sentido, indagar por los objetivos del control fiscal, es lo mismo que socavar en los principios que rigen la administración pública, tales como el de transparencia, eficacia, eficiencia, y en general, todos los valores y principios rectores para la administración, con el fin de cumplir con los cometidos estatales y la correcta y recta función pública.

En cuanto a la responsabilidad fiscal que se promulga sobre los servidores públicos y los particulares que a cualquier título manejen fondos del Estado, y que en ejercicio de sus funciones lesiones el patrimonio público o afecten los actos del servicio, su fundamento teleológico es el mismo que se persigue con el control fiscal, sin embargo, con su cometido también se persigue recuperar el dinero perdido por parte de la administración, objetivo similar al perseguido con el medio de control de repetición.

Sobre lo anterior, el máximo tribunal constitucional comenta lo siguiente:

> En esa medida, igual a lo que acontece con la acción de repetición, la responsabilidad fiscal tiene como finalidad o propósito específico la protección y garantía del patrimonio del Estado, buscando la reparación de los daños que éste haya podido sufrir como consecuencia de la gestión irregular de quienes tienen a su cargo el manejo de dineros o bienes públicos. (Corte Constitucional. C-619 de 2002. M.P. Jaime Córdoba

Triviño y Rodrigo Escobar Gil).

Igualmente, al hablar de los fines del control y la responsabilidad fiscal, se debe hacer referencia a los órganos de control, como los encargados de cumplir con esos cometidos; en ese sentido, la Corte Constitucional en Sentencia C-484 del año 2000, ha referenciado que, el control prevalente encomendado a la Procuraduría General de la Nación «busca garantizar la correcta marcha y el buen nombre de la cosa pública», valiéndose de procedimientos sancionatorios de carácter patrimonial como el proceso de responsabilidad fiscal, o de preservación de los valores de la administración, como el proceso disciplinario.

Es entonces que la Corte constitucional ha reducido los fundamentos teleológicos e incluso los axiológicos de la gestión fiscal (control y responsabilidad fiscal) en 3 únicos títulos «(i) proteger el patrimonio público; (ii) garantizar la transparencia y el acatamiento de los principios de moralidad administrativa en las operaciones relacionadas con el manejo y uso de los bienes y los recursos públicos; (iii) verificar la eficiencia y eficacia de la administración para cumplir los fines del Estado» (Corte Constitucional. C-512 de 2013. M.P. Mauricio González Cuervo).

4. Normativos

a) Fundamento Constitucional

El primer fundamento normativo del control y la responsabilidad fiscal, radica en el artículo 267 de la Constitución Política de Colombia, modificado por el Acto Legislativo 04 de 2019, en él se consagra el control fiscal como una función pública ejercida por la Contraloría General de la República, esta se adelantara en 2 modalidades; la primera, un control posterior y selectivo que nació desde el primer momento en que se promulgó la Carta; la segunda un control concomitante y preventivo que trajo consigo la reforma del 2019.

A lo largo de la exposición de motivos del proyecto que culminó con el Acto Legislativo 04 de 2019, el ponente explicó que la elección del modelo fiscal es inherente al «grado de desarrollo social y económico de cada sociedad» (Gaceta del Congreso No. 153. 27 de marzo de 2019), así mismo, el expositor recordó que el antiguo modelo de control fiscal previo respondía al modelo de avance social de la época, según la realidad del momento que se reseñó en la parte histórica, modelo que sufrió múltiples reparos por implicar la coadministración en su curso, vulnerando la división de poderes.

En la misma exposición de motivos el ponente documentó los altos índices de corrupción en el país, que dieron origen a la proposición de un nuevo control preventivo y concomitante, que contribuya a reducir los índices de corrupción, enfatizando, que con este nuevo modelo no se vulnera la autonomía administrativa ni la división de poderes, y que se ajusta al modelo constitucional vigente, prohibiendo expresamente la coadministración.

Esta reforma fue objeto de análisis por parte de la Corte Constitucional, ya que su exequibilidad fue demandada, ya que el demandante consideraba que el control previo y concomitante era contrario a la separación de poderes y el espíritu del Legislador primario, quien en un comienzo se decantó únicamente por el control posterior y selectivo.

El Alto Tribunal, mediante providencia del 6 de mayo de 2020, resolvió la exequibilidad del Acto Legislativo, con un especial análisis del nuevo control previo y concomitante que se incluyó con ella, de tal forma que:

> La Sala encuentra que la intención del constituyente derivado fue complementar el sistema actual de control por considerarlo insuficiente y añadirle el modelo de control preventivo y concomitante ejercido a través del seguimiento constante y paralelo de la gestión fiscal, a partir de la función de advertencia, sin que ello implique coadministración, eliminando riesgos potenciales y daños previsibles. (Corte Constitucional. Sentencia C-140 del 6 de mayo de 2020. M.P. José Fernando Reyes Cuartas).

La Corte concluyó que el modelo de control fiscal que se había elegido en un primer momento en la Constitución no es inherente a la misma, toda vez que la Carta estipula la necesidad de la existencia de un control fiscal, más no es propio de la Carta el modelo que se elija para ello.

La jurisprudencia constitucional, es enfática en afirmar que el control concomitante, tal como lo dice la Carta Política, no implica coadministración, por su naturaleza excepcional y no vinculante, y no tiene opción la Contraloría de pausar la ejecución contractual o interferir en las decisiones que se adelanten en el curso de la misma.

Así mismo, el control preventivo se reservó exclusivamente para ser ejercido extraordinariamente por el Contralor General de la República, según lo contempla la Constitución, por lo que esta función no puede ser ejercida por los diferentes entes territoriales que dependen de la Contraloría General, ni mucho menos por sus representantes, y sólo puede recaer sobre procedimientos contractuales de especial relevancia nacional y en ciertas materias específicas.

Es entonces que la Corte Constitucional concluye que «la enmienda constitucional busca fortalecer el control fiscal en Colombia, de acuerdo con los nuevos retos, las nuevas formas de corrupción y el desarrollo de nuevas tecnologías de la información». (Corte Constitucional. Sentencia C-140 del 6 de mayo de 2020. M.P. José Fernando Reyes Cuartas).

b) Fundamentos Legales

En desarrollo de las disposiciones constitucionales ya enunciadas, diversas leyes y decretos reglamentarios complementan el fundamento legal del control y la responsabilidad fiscal, la primera de ellas promulgada el 26 de enero de 1993, siendo la Ley 42 la primera en desarrollar las disposiciones iniciales de la Carta de 1991, con ella se reorganizó totalmente el control financiero y se fortalece a la Contraloría General de la República.

Pese a que en la actualidad la Ley 42 sigue vigente en el ordenamiento jurídico colombiano, materialmente es muy poco el contenido que sigue surtiendo sus efectos, modificada fuertemente por la Ley 610 de 2000 y el Decreto Ley 403 de 2020.

Con la Ley 610 del 15 de agosto del año 2000, se reglamentan los procesos de responsabilidad fiscal, estableciendo los principios y procedimientos para que los órganos fiscalizadores adelanten las actuaciones necesarias para determinar la responsabilidad fiscal de quienes actúen en contra del erario, y que se adecue a la misma Constitución, igualmente definiendo elementos del control fiscal como la gestión, el daño patrimonial, los fenómenos de caducidad, entre otros tantos.

Con la última reforma Constitucional, igualmente nace el Decreto Ley 403 de 2020, que además de reglamentar el nuevo texto, pretende fortalecer el control fiscal, mediante la implementación del ya comentado control concomitante y preventivo, las competencias de la Contraloría General y las Contralorías Territoriales, el control jurisdiccional de los fallos de responsabilidad fiscal, entre otras disposiciones.

Por otra parte las Normas Internacionales para Entidades Fiscalizadoras Superiores (ISSAI) emitidas por la Organización Internacional de Entidades Fiscalizadoras Superiores (INTOSAI), han sido apropiadas por las entidades fiscalizadoras para adelantar sus actuaciones de investigación durante el trámite procedimental, con el cual se pretende indagar las presuntas actuaciones contrarias al buen manejo del patrimonio público.

5. Concepto

El artículo 267 de la Constitución Política de 1991, establece que el control fiscal es una función pública encomendada exclusivamente a la Contraloría General de la República y a las Contralorías territoriales, quienes se encargan de vigilar la gestión fiscal de la Administración Pública, así como de los particulares que en el ejercicio de su función manejen fondos o bienes de la Nación, para ello, la Carta dispone de diferentes controles, el financiero, de gestión y de resultados, en estricto cumplimiento de los principios de eficiencia, economía, equidad y valoración de costos ambientales, tal como fue conceptuado por la Sala de Consulta y Servicio Civil del Consejo de Estado (2003).

En cuanto al concepto del control fiscal, la Corte Constitucional (2009), indagando por su origen y su propósito, afirma que este «tiene su origen etimológico en el término latino «fiscus» que significa erario o tesoro público, se confiere a una entidad que cuida de la *res-pública* o cosa pública, lo cual denota que el fin fundamental del control fiscal es la preservación y buen manejo de los bienes que pertenecen a todos» (C-557 de 2009. M.P. Luis Ernesto Vargas Silva), es decir, el concepto del control fiscal está íntimamente ligado con su finalidad o fundamento teleológico.

Por su parte la responsabilidad fiscal, es el resultado de un conjunto de actuaciones administrativas, que una vez surtidas, le atribuyen a un funcionario o un particular bajo las condiciones enunciadas en la Ley, la causación de un daño al patrimonio público, y por lo tanto la obligación de resarcir el menoscabo del dinero sustraído del erario, cumpliendo con su función reparadora y no sancionatoria.

De allí se deduce una doble connotación de la responsabilidad fiscal; la primera, desde el trámite procedimental administrativo que se surte para definir la existencia o no de responsabilidad; y el segundo, el daño propiamente dicho, con el cual también se da cumplimiento a los fines del control fiscal, garantizando la correcta gestión fiscal.

Tal como lo expresa Uriel Alberto Amaya (2002) la responsabilidad fiscal es «la obligación de reparar el daño producido sobre el patrimonio público, por parte de un servidor público, o un particular, en ejercicio de actos de gestión fiscal» (Pág. 103).

6. Características

La Corte Constitucional, mediante providencia C-557 de 2009, identificó 7 diferentes características del control fiscal. La primera característica es que «constituye una función autónoma ejercida por la Contraloría General de la República», al igual que las Contralorías Territoriales, que como se ha dicho, por mandato Constitucional se le ha encomendado dicha función de forma exclusiva, la segunda es que «se ejerce en forma posterior y selectiva», añadiendo que actualmente con la reforma de 2019, también se ejerce de forma concomitante y preventiva.

La tercera característica, se refiere a que el control fiscal «sigue los procedimientos, sistemas y principios definidos por el Legislador» conectado estrechamente con el principio de legalidad, bajo el cual toda facultad, potestad o trámite administrativo debe estar plenamente reconocido o reglamentado por el órgano competente y estar debidamente plasmado en una norma jurídica; la cuarta es que este «constituye un modelo integral de control que incluye el ejercicio de un control financiero, de gestión y de resultados», ya no es solo una actividad aritmética, ahora se evalúan todas la etapas del trámite administrativo que involucran una operación que afecta el erario en forma positiva o negativa.

Por su parte, la quinta característica menciona que el control fiscal «se ejerce en los distintos niveles de administración nacional centralizada y en la descentralizada territorialmente y por servicios», y es que se entiende que el patrimonio público no es solo un asunto del Gobierno Central, de hecho, la mayoría de los recursos son destinados a las entidades territoriales, para que en ejercicio de sus funciones, satisfagan las necesidades de la población a la que se circunscriben, permitiendo la presencia del Estado en todo el territorio Nacional; esta última relacionada estrechamente con la sexta característica que señala que «cubre todos los sectores, etapas y actividades en los cuales se manejan bienes o recursos oficiales», y es que sea un funcionario público o un particular, lo que define ser un sujeto de control fiscal es el manejo del patrimonio del Estado.

Finalmente, la última característica, y como ya se ha expuesto, señala que el control fiscal «debe estar orientado por los principios de eficiencia, economía, equidad y la valoración de los costos ambientales», de forma complementaria en un doble sentido, un control externo por parte de los organismos de control habilitados por la Constitución para tal fin, y un control interno por parte de cada entidad que se debe encargar por preservar por el adecuado uso de los recursos que le fueron designados, Tal como lo reseñó la Corte Constitucional en sentencia C-101 de 2018.

De otra parte, la Corte Constitucional (2002) se refiere a las características principales de la responsabilidad fiscal, la primera es que es «una modalidad de responsabilidad autónoma e independiente», ya que durante la vigencia del antiguo control fiscal bajo el régimen de la anterior Constitución de corte civilista. El Consejo de Estado (1991) señaló que para la época la responsabilidad civil era el género y la responsabilidad fiscal una especie que se desprendía de ella. Es solo hasta el nuevo régimen constitucional que se concibe la responsabilidad fiscal como una figura independiente, aunque comparta los mismos planteamientos de otro tipo de responsabilidad, independencia señalada en el parágrafo del artículo 4 de la Ley 610 del año 2000, modificado por el Decreto 403 de 2020.

La Sala de Consulta y Servicio Civil en concepto del 3 de octubre de 1995, ratificó la independencia de la responsabilidad fiscal, de las demás que se desprenden del género de la responsabilidad, ya que con ella se pretende perseguir la reparación de un daño causado al patrimonio público, diferente de cualquier otro tipo de responsabilidad, y recalcando que la fuente directa de esta se encuentra en el artículo 6 de la Carta Política.

Igualmente la responsabilidad fiscal se caracteriza por ser de carácter administrativo y complementario del control fiscal, ya que el trámite del proceso de responsabilidad fiscal ocurre en sede administrativa, y por lo tanto, el resultado posee la misma naturaleza, más allá de que pueda ser recurrido en sede judicial; de otra parte, es complementario, ya que el objeto del control fiscal es proteger el patrimonio público, por lo cual en caso de buscar restablecer el mismo, se vale de la responsabilidad fiscal, como herramienta indemnizatoria, lo que lleva a identificar la última característica.

Finalmente la responsabilidad fiscal es «de contenido patrimonial o resarcitorio», tal como lo establece el artículo 4 de la Ley 610 de 2000, ya que con él no se busca castigar o sancionar al funcionario o particular que maneja recursos públicos, por cuanto para ello, se instituyeron los procesos disciplinario y demás actuaciones sancionatorias del Estado; por el contrario, la responsabilidad fiscal tiene el único propósito de recuperar el dinero del erario que no fue destinado para satisfacer las necesidad de la entidad en la búsqueda de cumplir con los fines del Estado.

7. Controles

La Contraloría de Bogotá, por medio del Concepto No. 23296 de 2016, realizó un análisis de los preceptos constitucionales y legales del control fiscal contenidos en la Constitución Política, la cual faculta a la Contraloría General de la República y las Contralorías Territoriales para adelantar dicha función, en ese sentido concluyó que:

> (...) para su ejercicio se enmarca dentro de los sistemas financiero, de legalidad, de resultados, revisión de cuentas y el control de gestión, de acuerdo con la normatividad analizada. En este orden de ideas, teniendo en cuenta que el control fiscal está compuesto por normas, principios y procesos para su funcionamiento, podría conceptuarse dentro de la definición de sistema.

En ese sentido, a continuación se presentan los diferentes mecanismos que se desprenden del control Fiscal (Financiero, de gestión, de legalidad y de resultados) que señala la Constitución, así como las etapas en la cuales se realiza control (posterior y selectivo, concomitante y preventivo), igualmente reguladas por la Carta Superior.

a) Financiero

El artículo 46 del Decreto 403 de 2020 dispone que el control financiero:

> es el examen que se realiza, con base en las normas de auditoría de aceptación general, para establecer si los estados financieros de una entidad reflejan razonablemente el resultado de sus operaciones y los cambios en su situación financiera, comprobando que en la elaboración de los mismos y en las transacciones y operaciones que los originaron, se observaron y cumplieron las normas prescritas por las autoridades competentes y los principios de contabilidad universalmente aceptados o prescritos por el Contador General. (Diario Oficial Año CLVI. No. 51258. 16 de marzo 2020. Pág. 4).

Para tal efecto, la Contraloría General de la República y las Contralorías Territoriales, adelantan este control a través de la auditorias financieras, que se basan en la categoría de riesgos, que exigen a los funcionarios que la adelantan, imponer su criterio profesional para dirimir los mismos, así mismo, la CGR, considera que con ellas se da cumplimiento a los siguientes propósitos:

a) Obtener seguridad razonable de que la información financiera objeto de verificación están, o no, libres de errores significativos cualquiera que sea su origen.

b) Determinar si la información financiera objeto de examen refleja el resultado de las operaciones realizadas por el sujeto vigilado.

c) Determinar si los estados financieros han sido preparados, en todos sus aspectos significativos, de acuerdo con el marco de referencia para la emisión de información financiera aplicable.

d) Verificar que la información de la ejecución presupuestal refleje la realidad de los hechos económicos ocurridos, en la forma y método que señalan las normas pertinentes a la ejecución presupuestal.

e) Revisar la cuenta mediante el estudio de los soportes de las operaciones efectuadas por los responsables del erario objeto de examen, cuando así se determine y resulte necesario para lograr el alcance y objetivo de la auditoría. (Contraloría General de la República. 2017. Pág. 7)

b) De gestión

El artículo 48 del Decreto 403 de 2020 define el control de gestión como:

> El examen de la eficiencia y eficacia de las entidades en la administración de los recursos públicos, determinada mediante la evaluación de sus procesos administrativos, la utilización de indicadores de rentabilidad pública y desempeño y la identificación de la distribución del excedente que éstas producen, así como de los beneficiarios de su actividad. (Diario Oficial Año CLVI. N0. 51258. 16 De Marzo 2020. Pág. 4)

Cuando se habla de eficiencia, la Corte Constitucional (2013), ha señalado que con ella se pretende maximizar los resultados esperados con la menor cantidad de recursos, bajo la regla de racionalidad del costo-beneficio, igualmente explica que la eficacia, se refiere al cumplimiento de las metas o fines de la administración. En ese sentido, ya no se evalúa una simple operación financiera, en este control se pretende entonces, satisfacer la consecución de los fines del Estado, en el menor tiempo posible y con el mayor aprovechamiento del gasto público.

Para el autor William Vásquez Miranda (2000), el control de gestión implica una labor más detallada del control fiscal en cabeza de los órganos de control, por lo cual se deben establecer mecanismos que permitan medir si realmente el gasto público se ajusta a los principios de eficacia y eficiencia, es por ello que el autor señala que:

> La evaluación del principio de eficacia exige mayores niveles de investigación que cualquier otro, en razón de que requiere una comprensión más profunda de la actividad que se está controlando, sus objetivos y metas deseadas, sus métodos de operación y las restricciones o dificultades para desarrollar tales operaciones. Para implementar el principio, es indispensable contar con patrones de medida o con indicadores adecua-

dos y relacionados con las actividades que desarrolla la organización; estos patrones no pueden limitarse o vincularse solamente con medidas de tipo financiero o de rendimiento, sino que deben abarcar campos más grandes de la organización. (Pág. 66)

c) De legalidad

Según el artículo 47 del Decreto 403 de 2020 el Control de legalidad «es la comprobación que se hace de las operaciones financieras, administrativas, económicas y de otra índole de una entidad para establecer que se hayan realizado conforme a las normas que le son aplicables» (Diario Oficial Año CLVI. N0. 51258. 16 De Marzo 2020. Pág. 4).

En esta oportunidad, cuando la norma se refiere al control de legalidad, no se está hablando de la revisión en sede judicial de los fallos con o sin responsabilidad fiscal, lo que pretende la norma es que el organismo de control, en ejercicio del control fiscal, no solo se limite al examen netamente financiero o de la consecución de los fines que se pretende satisfacer, sino que, también, se garantice que la actividad de la administración se ajuste a los procedimientos reglados en las diferentes normas que le sean aplicables.

d) De resultados

El artículo 49 del Decreto 403 de 2020 define el control de resultados como «el examen que se realiza para establecer en qué medida los sujetos de la vigilancia logran sus objetivos y cumplen los planes, programas y proyectos adoptados por la administración, en un período determinado» (Diario Oficial Año CLVI. N0. 51258. 16 De Marzo 2020. Pág. 4).

El control de resultados es la suma de los anteriores, en el sentido de que sin ellos no se podría evaluar el cumplimiento de los fines del Estado, uno de los objetivos del control fiscal, es por ello que con éste, la Contraloría pueda establecer sí los recursos puestos a disposición de un gestor fiscal, se utilizaron de acuerdo a los principios de eficiencia, eficacia, ecuación económica y transparencia en cumplimiento de los cometidos constitucionales del Estado.

e) Posterior

El control posterior, de las actuaciones de la administración encargadas de la gestión fiscal, significa que los organismos de control sólo podrán ejercer sus competencias hasta que el sujeto fiscalizado actúe y haya concluido su actividad, por lo cual su labor «empieza justamente cuando la Administración culmina la suya, esto es, cuando [la autoridad administrativa] ha adoptado ya sus decisiones» (Corte Constitucional. C-113 de 1999. M.P. José Gregorio Hernández Galindo).

Para la Corte Constitucional (2008) el control fiscal, posterior y selectivo, se divide en 2 momentos, relacionados entre ellos mismos, en primer lugar se adelanta la función de vigilancia propiamente dicha, de acuerdo con las facultades constitucionales y legales atribuidas a las Contralorías, valiéndose de auditorías (control selectivo) que permitan concluir si existe mérito para dar inicio al segundo momento. Si como consecuencia de la primera etapa, se advierten presuntas irregularidades lesivas del patrimonio público, se pone en marcha el segundo momento, con el cual se apertura un proceso con presunta incidencia fiscal, hasta que se dé por terminado el mismo para:

> obtener una declaración jurídica, en la cual se precisa con certeza que un determinado servidor público o particular debe cargar con las consecuencias que se derivan por sus actuaciones irregulares en la gestión fiscal que ha realizado y que está obligado a reparar el daño causado al erario público, por su conducta dolosa o culposa. (Corte Constitucional. C-382 de 2008. Rodrigo Escobar Gil).

f) Selectivo

Tal como lo establece el literal P del artículo 3 del Decreto Ley 403 de 2020, el control fiscal se realizará en los procesos que denotan mayor riesgo de incurrir en actos contra la probidad administrativa o detrimento al patrimonio público, ya que como lo advierte la Corte Constitucional (2018) no es posible que el 100% de las actividades de la administración sean objeto de control, por lo cual solo se podrán auditar las operaciones que permitan «consolidar una visión global» de la actividad administrativa. Sin embargo, la toma de muestras no puede estar sometida al capricho del equipo auditor, ya que la selección debe responder a un procedimiento técnico de una porción representativa de recursos que lleve a obtener conclusiones sobre el universo respectivo.

g) Preventivo

El control preventivo es una figura novedosa que nace con el Acto Legislativo 04 de 2019, que como lo dijo la Corte Constitucional (2020) en la providencia que declaró su exequibilidad, en nada se asimila al control previo que existía antes de la promulgación de la Carta de 1991, ya que en este caso, la administración ya inició su actuación, pero ante la materialización de un daño inminente o una vez haya nacido, permite a la Contraloría General de la República, advertir sobre la existencia o posible existencia del mismo, sin que ello signifique coadministración ya que sus informes no son vinculantes.

h) Concomitante

El control concomitante no se refiere de ninguna forma que exista un trabajo articulado entre la administración y la Contraloría, a lo que se refiere es que se realiza en tiempo real mientras el sujeto de control fiscal adelanta sus actuaciones, con el propósito de advertir inmediatamente alguna novedad con posible incidencia fiscal, es clara la Constitución en advertir que esta facultad es exclusiva del Contralor General de la República, para ciertas materias específicas y en caso de notable incidencia Nacional.

8. Conceptuales

a) Cuenta

Ha explicado la Corte Constitucional (1994) que en términos fiscales, una cuenta es el informe de un conjunto de operaciones, que en el caso de la administración pública, son realizadas por los funcionarios o los privados responsables del manejo de una porción del erario, que se debe acompañar de documentos «que sustentan legal, técnica, financiera y contablemente» el balance que se presente. Una vez se adelante la revisión por parte del funcionario competente, se pueden presentar 2 posibilidades; la primera es que sin reparo alguno, se puede concluir que las cuentas se ajustan a las normes y se da paso al fenecimiento de la misma; o en caso de que el funcionario advierta inconsistencias por presuntas irregularidades que puedan ser imputadas al cuentadante, «deberá remitirse con todos sus soportes al órgano de control fiscal competente con el objeto de que por su conducto se adelante el respectivo proceso de responsabilidad fiscal» (Corte Constitucional. C-046 de 1994. M.P. Eduardo Cifuentes Muñoz).

b) Fenecimiento

El fenecimiento de una cuenta fiscal, que fue rendida por el responsable del manejo de una porción del erario, en un periodo de tiempo determinado, es un acto administrativo que aprueba el informe y los documentos que soportan legal, técnica, financiera y contablemente las operaciones, del cuentadante.

El Alto Tribunal de lo constitucional (1994) se refirió al carácter definitivo de los fenecimientos fiscales de las cuentas como una regla general, sin embargo, explica que el legislador y la jurisprudencia, contemplan que excepcionalmente una vez una cuenta haya fenecido, pero que con posterioridad se encuentren pruebas nuevas de presuntas irregularidades de las cuentas rendidas, se podrá levantar el fenecimiento, tal como lo contempla el artículo 50 del Decreto 403 de 2020.

En ese sentido, la Corte señala que la legislación no le dio un alcance al fenecimiento de cosa decidida en materia fiscal, por el contrario, el mismo ordenamiento jurídico es el que dispone excepcionalmente su levantamiento argumentando que:

> Es un principio general aceptado, aún en materia civil, que la aprobación de una cuenta no se extiende «al dolo contenido en ella» (CC art. 1522) de modo que por este aspecto carecen de validez los pactos de no pedir más por las mismas. Si es del caso, pueden en consecuencia, deducirse alcances de cuentas fenecidas sin observaciones si ellas se aprobaron sin detectar el dolo que se escondía en sus soportes. De otra parte, las atribuciones de los órganos de control fiscal que decretan los fenecimientos no alcanzan hasta condonar el dolo que puede viciar las operaciones exa-

minadas o su presentación.» (Corte Constitucional. C-046 de 1994. M.P. Eduardo Cifuentes Muñoz).

c) Gestión Fiscal

La noción de gestión fiscal se encuentra consagrada en el artículo 3 de la Ley 610 del año 2000, como consecuencia el enfoque teleológico del control fiscal, que no es más que la protección del erario y cumplir con los fines estatales, allí se comprende un universo de mecanismos y acciones que permite que quienes manejen recursos o fondos públicos, lo hagan de acuerdo a los principios de la administración pública, so pena de incurrir en responsabilidad fiscal.

Al respecto la Corte Constitucional señala que la gestión fiscal:

> Hace referencia a la administración y manejo de los bienes y fondos públicos, en las etapas de recaudo, adquisición, conservación, enajenación, gasto, inversión y disposición. La vigilancia de esta busca establecer si las diferentes operaciones, acciones jurídicas, financieras y materiales de la gestión fiscal se cumplieron de conformidad con las normas prescritas, los principios de contabilidad aplicables, los criterios de eficiencia y eficacia y los objetivos, planes, programas y proyectos que constituyen las metas inmediatas de la administración. (Corte Constitucional. C-716 de 2002. M.P. Marco Gerardo Monroy Cabra).

Igualmente, señala la Corte (2018) que el control fiscal tiene lugar siempre que exista gestión fiscal, es decir, el control se fundamenta en la administración o manejo de bienes públicos, en todas las etapas contempladas por la Ley, que en suma, significa que sin el manejo de recursos del Estado, no existiría en sí mismo el deber de realizar un control fiscal.

d) Sujetos

La Constitución Política de 1991 y sus Leyes y Decretos reglamentarios dispusieron que la Administración y los particulares o entidades que manejen fondos o bienes del Estado en todos sus órdenes y niveles, son sujetos de control fiscal; sin embargo, el Consejo de Estado (2015) analizando la naturaleza del control fiscal, señaló que este último es una función pública, con la cual se pretende vigilar la gestión fiscal, por lo tanto, la definición de los sujetos de control no se da por el reconocimiento taxativo de las normas vigentes, sino por el simple hecho de estar encargados de la gestión fiscal, a cualquier título, en cualquier nivel ya sean personas naturales o jurídicas.

Bajo ese entendido, la Corte Constitucional (2001) señala que cuando las contralorías en cumplimiento de sus funciones adelantan un programa de control fiscal en una entidad, debe partir de un criterio selectivo frente a los servidores públicos sujetos de vigilancia, lo que quiere decir que el organismo de control tiene la carga de identificar puntualmente a quienes ejercen gestión fiscal dentro de cada entidad, dejando por fuera del control a los demás servidores.

Explica el alto tribunal que, el control fiscal no se puede aplicar con un criterio universal, esto es importante ya que el ordenamiento jurídico contempla varias modalidades de asociación económica entre el Estado y los particulares en desarrollo de la descentralización por servicios, situación en la cual la actividad fiscalizadora ya no solo es aplicable a los funcionarios públicos o trabajadores oficiales, sino, también, a los empleados particulares cuando quiera que los mismos tengan adscripciones de gestión fiscal.

Bajo tales entendidos la Corte Constitucional concluye que:

> Resulta propio inferir que la esfera de la gestión fiscal constituye el elemento vinculante y determinante de las responsabilidades inherentes al manejo de fondos y bienes del Estado por parte de los servidores públicos y de los particulares. Siendo por tanto indiferente la condición pública o privada del respectivo responsable, cuando de establecer responsabilidades fiscales se trata. (Corte Constitucional. C 840 de 2001. M.P. Jaime Araujo Rentería).

Advierte el Alto Tribunal de la jurisdicción Constitucional que «ningún ente, por soberano que sea, puede abrogarse el derecho de no ser fiscalizado cuando tenga que ver directa o indirectamente con los ingresos públicos o bienes de la comunidad» (Corte Constitucional. C-557 de 2009. M.P. Luis Ernesto Vargas Silva), sin que ello signifique que se rompa con la división de poderes, ya que en esencia, el verdadero soberano en materia fiscal es el pueblo, quien delega a los organismos de control para garantizar la protección del erario.

Ahora, pese a que el criterio para determinar los sujetos de control y responsabilidad es claro en definirse por la gestión fiscal del funcionario o del particular, para los casos de los contratistas del Estado, surgen dudas si estos manejan recursos de la administración, cuestionamientos complejos de responder ante la gran diversidad de tipologías contractuales del Régimen de la Contratación Pública.

Para resolver dichos cuestionamientos, la Sección Tercera del Consejo de Estado (1999), toma como ejemplo el contrato de obra, en él, se le transfieren dineros del erario al contratista, para retribuir la función que cumple en favor de la administración, en ese caso pese a que incrementa lícitamente su patrimonio con recursos públicos, materialmente no está administrando los mismos, ya que como se dijo, con ellos se busca pagar por el desarrollo de un trabajo.

Caso distinto en que, durante el mismo curso del contrato de obra, se entregue un anticipo al contratista, ya que en él si se están administrando recursos del Estado, con él no se busca retribuir un servicio, a tal punto que el anticipo es protegido por una garantía única, y para recuperar el dinero dado en administración al contratista, se pacta la amortización del mismo con los pagos ahora sí correspondientes a la ejecución de la obra, misma postura que explica Uriel Alberto Amaya (2002).

e) Víctima

En Colombia, la doctrina y la jurisprudencia han concebido el artículo 90 Superior como la cláusula general de Responsabilidad del Estado; sin embargo, aplicar dicho contenido normativo a la responsabilidad fiscal es erróneo, ya que es jurídicamente inviable que un mismo sujeto (el Estado) participe en los 2 extremos de un trámite procesal o procedimental. Por el simple hecho de que sea un funcionario el sujeto pasivo de la actuación fiscal, no significa que sea el Estado quien cargue con dicha condición, ha recordado la Corte Constitucional (2001) «que no toda conducta de un servidor público vincula a la Administración».

En efecto, durante el trámite de la responsabilidad fiscal, el Estado es justamente el extremo pasivo afectado, cuando el erario sufre un menoscabo causado por la presunta conducta irregular de quienes ejercen gestión fiscal, bajo las condiciones enunciadas en el título anterior.

Muestra de lo anterior, es que en los casos de responsabilidad fiscal el Estado no es condenado a indemnizar al otro extremo, por el contrario, la sanción fiscal se dicta en su favor, para restablecer el patrimonio que fue malversado o apropiado en contra de la Ley, por lo mismo, resulta improcedente invocar el medio de control de repetición contra algún funcionario, toda vez que es la administración la que está recibiendo un pago indemnizatorio.

f) Daño

La acepción del término «daño» ha sido ampliamente tratada por la ley, la jurisprudencia y la doctrina, siendo un concepto que se expande a todas las áreas del derecho y se estructura como el elemento principal de cualquier tipo de responsabilidad, en nuestro caso, la responsabilidad fiscal, ha sido expuesta, por ejemplo, por el doctrinante Juan Carlos Henao (1998) quien ha presentado grandes estudios en la teoría del daño, mostrando una definición concreta describiéndolo como «la aminoración patrimonial sufrida por la víctima» (Pág. 84)

En cuanto a lo que atañe al control y la responsabilidad fiscal, el artículo 6 de la Ley 610 del año 2000, modificado por el artículo 126 del Decreto 403 de 2020, define el daño patrimonial al Estado de la siguiente forma:

> Para efectos de esta ley se entiende por daño patrimonial al Estado la lesión del patrimonio público, representada en el menoscabo, disminución, perjuicio, detrimento, pérdida, o deterioro de los bienes o recursos públicos, o a los intereses patrimoniales del Estado, producida por una gestión fiscal antieconómica, ineficaz, ineficiente, e inoportuna, que en términos generales, no se aplique al cumplimiento de los cometidos y de los fines esenciales del Estado, particularizados por el objetivo funcional y organizacional, programa o proyecto de los sujetos de vigilancia y control de los órganos de control fiscal. Dicho daño podrá ocasionarse como

consecuencia de la conducta dolosa o gravemente culposa de quienes realizan gestión fiscal o de servidores públicos o particulares que participen, concurran, incidan o contribuyan directa o indirectamente en la producción del mismo. (Diario Oficial Año CXXXVI. N0. 44133. 18 de agosto 2000. Pág. 1).

Antes de analizar los elementos que estructuran el daño, es preciso advertir 2 inconsistencias del contenido normativo que hoy se encuentran vigentes, por una parte, en su momento Uriel Alberto Amaya (2002) aprecia que la Ley catalogó unas conductas de forma antitécnica y confusa, pudiendo reducirlas a un único término de menoscabo, además de señalar una definición legal de contenido normativo como innecesaria y ambigua.

De otra parte, considerar como sujetos activos de la responsabilidad fiscal a quienes participen, concurran, incidan o contribuyan directa o indirectamente, es contrario a lo establecido en la Constitución y la Ley, ya que como ya se explicó, la fijación del sujeto activo de la ecuación antieconómica o cualquiera que sea su conducta, es quien adelanta una gestión fiscal, es decir, el titular del manejo de los recursos o fondos públicos, e incluir a terceros, sean funcionarios públicos o sujetos de derecho privado, es cambiar totalmente el paradigma de la responsabilidad fiscal y los criterios jurisprudenciales fijados a la fecha.

Misma consideración que presentó la Corte Constitucional evaluando la exequibilidad de la Ley 610 del 2000 aclarando que:

> En los demás casos, esto es, cuando el autor o partícipe del daño al patrimonio público no tiene poder jurídico para manejar los fondos o bienes del Estado afectados, el proceso atinente al resarcimiento del perjuicio causado será otro diferente, no el de responsabilidad fiscal.» (C-840 de 01. M.P. Jaime Araujo Rentería).

Una vez presentadas las anteriores acotaciones, se procede a identificar los elementos del daño en la responsabilidad fiscal, según los parámetros establecidos por la Corte Constitucional (1996) estas son que «sea cierto, especial, anormal y cuantificable con su real magnitud». (SU-620 de 1996. M.P. Antonio Barrera Carbonell).

El requisito de que sea cierto, hace parte de la estructura de la existencia del daño en sí mismo, por lo tanto, una vez se ha producido un menoscabo es que se concibe la existencia del daño y por ende, se considera cierto, lo cual ratifica que el fin último de la responsabilidad fiscal no es más que pretender el resarcimiento del erario, mas no sancionar al funcionario o particular que administra fondos públicos, por lo cual, la certeza es un requisito *sine qua non*, para estructurar el daño como elemento principal de la responsabilidad, a tal punto que cuando no se tiene seguridad sobre la existencia del mismo, la Ley prevé la posibilidad de adelantar indagaciones preliminares que permita al órgano fiscalizador tener la certeza que existe un daño.

La Corte Constitucional considera que el daño es un elemento esencial de la responsabilidad fiscal, «de modo que si no existe un perjuicio cierto, y un daño fiscal, no hay cabida para la declaración de dicha responsabilidad.» (C-840 de 2001. M.P. Jaime Araujo Rentería) Negrilla del autor.

El daño se considera especial y anormal, toda vez que este no obedece al curso legal de la administración pública, es decir, una vez se tenga certeza del daño, no habría duda de que es especial y anormal, ya que la lesión del erario por parte del gestor fiscal, no se puede ajustar o justificar al trámite normal del Estado.

Finalmente, concluye la Corte (1996) que todo daño al Estado es de contenido patrimonial, por lo tanto, debe ser cuantificable, siendo igualmente una característica indiscutible de la certeza del daño, que a su vez debe ser plenamente identificado el monto del daño, así:

> el resarcimiento del perjuicio, debe guardar correspondencia directa con la magnitud del daño causado mas no puede superar ese límite. Y no podría ser de otro modo, pues de indemnizarse por encima del monto se produciría un enriquecimiento sin causa, desde todo punto de vista reprochable. Por lo mismo, la indemnización por los daños materiales sufridos debe ser integral, de tal forma que incluya el valor del bien perdido o lesionado (daño emergente), y el monto de lo que se ha dejado de percibir en virtud de tal lesión (lucro cesante). (Corte Constitucional. C-840 de 2001. M.P. Jaime Araujo Rentería).

g) Uso indebido

De contadera, se advierte que con la reforma Constitucional de 2019 y la expedición del Decreto 403 del 2020 que la desarrolla, se eliminó el término de uso indebido señalado en el antiguo artículo 6 de la Ley 610 de 2000; sin embargo, al estar en pleno trámite legislativo, en el presente texto se tendrá en cuenta la definición del uso indebido y sus consideraciones constitucionales.

La acepción del término «uso indebido» principalmente es contraria a la axiología que protegen el control y la responsabilidad fiscal, lo que consecuentemente significa que es contrario a la moralidad administrativa de la que ya se hizo referencia, la Corte Constitucional (2007) ha presentado 3 características del término señalado.

El uso indebido puede o no lesionar significativamente el patrimonio público, por lo cual no se realiza un examen en sí mismo del uso indebido, sino de los efectos que de él se desprenden.

El uso indebido no necesariamente puede traer consigo un deterioro de los recursos públicos, por lo cual, el daño no se deriva estrictamente del uso, sino del aprovechamiento de los recursos en detrimento de los intereses del Estado.

Por último, el uso indebido puede no encuadrarse dentro de las 2 situaciones antes mencionadas, sino que se dé, de tal forma que cambie el destino de los bienes del Estado a fines oficiales distintos de los que se tenían programados, o por la simple infracción de los reglamentos sin un goce privado de los recursos.

Para las situaciones 1 y 2, se dispone de la responsabilidad fiscal para buscar la indemnización por el daño causado al patrimonio, en la última, se dispone de mecanismos penales o disciplinarios para castigar la conducta, pero no de un trámite fiscal por la inexistencia de un detrimento al erario, además de no cumplir con las características del daño que ya se señalaron.

Al encontrar la Corte que el uso indebido no es en sí mismo el generador del daño, sino una modalidad de conducta regulado en el reformado régimen de responsabilidad, dice lo siguiente:

> en esas hipótesis la afectación de los intereses patrimoniales del Estado no se produce por el uso indebido per se, sino que sería necesario acreditar, además, el detrimento de los bienes y recursos o, eventualmente, su aprovechamiento indebido, o, en general, la afectación de los intereses patrimoniales del Estado, eventos en los cuales serían éstos -detrimento, aprovechamiento indebido o afectación- y no aquel -uso indebido- los elementos constitutivos del daño y la fuente de la responsabilidad fiscal, y el uso indebido, una modalidad de la conducta dolosa o culposa que da lugar a la responsabilidad (C-340 de 2007 Rodrigo Escobar Gil).

h) Responsabilidad subjetiva

Con la promulgación de la Constitución Política de 1991, y con ella, el nuevo régimen de garantías procesales y procedimentales, ajustadas al debido proceso y a las disposiciones internacionales sobre Derechos Humanos, en la administración y la jurisdicción contencioso administrativa, se proscribió por regla general la responsabilidad objetiva que se promulgaba con el viejo régimen legalista de la Carta de 1886, con lo cual, la Corte Constitucional (2001) señala que:

> el objeto de la responsabilidad fiscal tiene como basamento indispensable la concreción de una conducta dolosa o gravemente culposa atribuible a una persona que realiza gestión fiscal, un daño patrimonial al Estado y un nexo causal entre los dos elementos anteriores, tal como lo da a entender el artículo 5 de la ley 610. De lo cual se colige que en materia de responsabilidad fiscal está proscrita toda forma de responsabilidad objetiva. (Negrilla del autor).

i) Criterio de imputación

Hasta el momento se ha dicho que la responsabilidad fiscal se deriva de la gestión fiscal de los funcionarios públicos y de los particulares o entidades que manejen fondos o bienes de la Nación, por lo tanto, es de naturaleza administrativa y busca la reparación del daño causado por la indebida gestión fiscal. Sin embargo, pese a que se reglamenta con un completo conjunto de normas, que a diferencia de otras instituciones jurídicas, no existe criterio normativo que contemple un criterio de imputación de responsabilidad fiscal.

En ese contexto, ha señalado la Corte Constitucional (2002) que, a falta de estipulación constitucional, el legislador deberá cumplir con la función de desarrollar la Carta Política y por medio de las leyes determinar el criterio normativo de la responsabilidad fiscal.

El Alto Tribunal establece que, tal como se ha dicho, quienes adelantan la gestión fiscal de la administración y no cumplan con los deberes que les son encargados, son responsables penal, disciplinaria y fiscalmente. De otra parte los funcionarios públicos que no cumplen gestión fiscal, pese a que no manejan recursos públicos, están igualmente sometidos al principio de legalidad, por lo cual, en caso de actuar por fuera del marco normativo también pueden incurrir en responsabilidad penal, disciplinaria y patrimonial. Lo que lleva a la Corte a afirmar que «si ello es así, no hay motivos para que la ley establezca un régimen de responsabilidad fiscal y patrimonial con distintos fundamentos de imputación». (Corte Constitucional. C-619 de 2002. Jaime Córdoba Triviño y Rodrigo Escobar Gil).

Igualmente, tanto la responsabilidad como la fiscal tienen el mismo fundamento teleológico, la protección del patrimonio público del Estado, cuya finalidad es puramente resarcitoria, por lo cual se deben estructurar bajo un mismo criterio normativo de imputación, pese a que se refieran a 2 sujetos activos cualificados, con funciones diferentes.

Con la aplicación de los criterios jurisprudenciales, el artículo 4 de la Ley 610 del año 2000, modificado por el Decreto 403 de 2020, estableció como criterios de imputación la conducta dolosa o gravemente culposa, de quienes adelantan la gestión fiscal y manejan recursos públicos, haciendo claridad que, pese a que tanto la responsabilidad fiscal como la patrimonial tienes sendas similitudes, la sujetos activos son totalmente diferentes en los términos señalados, por lo tanto se aplican de forma independiente.

j) Presupuesto

Sobre este punto se debe establecer una clara diferencia entre el Presupuesto General de la Nación y el Presupuesto General del Sector Público del que habla el artículo 37 de la Ley 42 de 1993, siendo este último el que atañe al régimen de control y responsabilidad fiscal.

El Presupuesto General de la Nación se crea como un instrumento de la política fiscal del país en el cual se consagra un estimado de los ingresos del año fiscal, así como la distribución de los mismos para cubrir los gastos del vigente Estado de Derecho, por su especial relevancia, la aprobación de este se encuentra sujeta al trámite de una Ley Orgánica del Presupuesto.

En cuanto a el Presupuesto General del Sector Público, este es concebido como un agregado contable para efectos de llevar a cabo el control fiscal, que a diferencia del Presupuesto General de la Nación, no dispone un estimado de los ingresos del año fiscal ni la destinación de los gastos, este es solo un consolidado contable de la ejecución presupuestal de las diferentes entidades del sector público, como una función del responsable del control fiscal, por su notable diferencia, este no se tramita como una Ley Orgánica, impero, ya que es solo un consolidado.

9. Objeto

Una vez conocidos los fundamentos de la Responsabilidad y el Control Fiscal, cuyo propósito propende en velar por la protección de los recursos y bienes públicos, el ordenamiento jurídico debe garantizar un completo sistema de normas que permita a los órganos de control fiscal adelantar las actuaciones administrativas que en derecho correspondan para deducir la responsabilidad de quienes con ocasión de la gestión fiscal han lesionado el patrimonio del Estado.

Por lo tanto, el objeto principal de la Contraloría General de la República y las Contralorías Territoriales, no es más que el mismo de la responsabilidad y el control fiscal, señalado en el artículo 267 Superior valiéndose de los medios y mecanismos conducentes al establecimiento de responsabilidades fiscales con la subsiguiente recuperación de los montos resarcitorios. La defensa y protección del erario público así lo exige en aras de la moralidad y de la efectiva realización de las tareas públicas». (Corte Constitucional. C-840 de 2001. M.P. Jaime Araujo Rentería).

10. Oportunidad

Siempre que se hable de la oportunidad para adelantar el control y juicio de responsabilidad fiscal, nos referimos a las disposiciones constitucionales que consagran el momento en el cual se le permite al ente fiscalizador iniciar con su funciones de protección del patrimonio, que durante el periodo comprendido entre la promulgación de la Carta de 1991, hasta el Acto Legislativo 04 de 2019, era exclusivamente posterior y selectivo; y a partir de la vigencia de la reforma de 2019 y sus decretos reglamentarios se le suma una nueva oportunidad, concomitante y preventivo. Por lo cual se debe hablar de estos 2 momentos de forma independiente, toda vez que esta última es de carácter excepcional.

a) Control posterior y selectivo

La Contraloría General de la República y las Contralorías Territoriales en ningún caso y bajo ninguna condición pueden participar en la gestión fiscal o en los procesos de contratación que adelantan los órganos del Estado, pues, como regla general, es solo hasta que la Administración culmina con su labor que la Contralorías pueden dar inicio a la suya, dejando atrás el antiguo modelo de coadministración prohibido expresamente por la Carta Política vigente.

Según la jurisprudencia constitucional, el control fiscal posterior y selectivo se desarrolla en dos momentos diferenciados, pero en sí mismos vinculados, «el primero de los cuales resulta necesario y obligado, mientras que el segundo tiene un carácter derivado». (Corte Constitucional. C-557 de 2009 Luis Ernesto Vargas Silva).

El primer momento necesario y obligado es adelantado por las Contralorías en cumplimiento de su función de vigilancia propiamente dicha, en el marco de sus competencias, mediante auditorías que recaen sobre los sujetos de control fiscal, a través de muestras que permitan evaluar el universo de actuaciones administrativas de quienes adelantan la gestión fiscal. De las auditorías se presentan observaciones, conclusiones o recomendaciones, con las cuales concluye esta primera etapa.

El segundo momento de carácter derivado, nace en aquellos casos en los cuales a partir de las observaciones se puede inferir la existencia de un daño al patrimonio público, sea por la conducta dolosa o gravemente culposa del sujeto auditado, con lo cual se da inicio al proceso de responsabilidad fiscal, con el cual se busca determinar con certeza que un servidor público o particular que maneja recursos del estado, es fiscalmente responsable y es obligado a la reparación del erario.

b) Control concomitante y preventivo

La oportunidad para ejecutar el control concomitante y preventivo nace desde el mismo momento es que se da inicio a la gestión fiscal, o en que se perfecciona un contrato estatal, este es de carácter excepcional, encomendado exclusivamente al Contralor General y solo podrá versar en ciertas materias específicas reguladas por la Ley, así mismo, este opera sólo en forma de advertencia, para prevenir que el gestor fiscal tome decisiones lesivas del patrimonio público.

La Corte Constitucional evaluando la exequibilidad del Acto Legislativo 04 de 2019 señaló lo siguiente:

> La Sala encuentra que la intención del constituyente derivado fue complementar el sistema actual de control por considerarlo insuficiente y añadirle el modelo de control preventivo y concomitante ejercido a través del seguimiento constante y paralelo de la gestión fiscal, a partir de la función de advertencia, sin que ello implique coadministración, eliminando riesgos potenciales y daños previsibles. En tal medida se dejó claro que no se buscaba juzgar la actividad del gestor público, sino el de prevenir el daño, a través de un mecanismo eficaz y legítimo para evitar que el gestor fiscal tome decisiones que vayan en contravía del erario. (C-140 de 2020. M.P. José Fernando Reyes Cuartas).

El artículo 58 del Decreto 403 de 2020, dispone de un sistema de etapas para adelantar este control dividiéndolo en 3 fases, aclarando que este se realiza en tiempo real y durante todo el trámite de gestión o ejecución contractual: la primera, una fase de planeación, en la cual se determinan las actividades que se van a adelantar, los resultados que se esperan y los riesgos del control; la segunda, fase de ejecución, momento en que se adelantan las actividades de vigilancia, se proyectan las observaciones y se evalúan las mismas; y la tercera y última fase de informe interno, que consolida los resultados y los documentos que lo soportan para posteriormente ser presentado al Contralor General.

Estas etapas son de simple trámite y de carácter previo a la facultad preventiva, que como ya se dijo y se reseña en el parágrafo tercero de la citada norma, compete exclusivamente al máximo jefe de la Contraloría General de la República de la que se hablará a continuación.

II.

ÓRGANOS DEL CONTROL FISCAL

1. Contralorías

a) Estructura

Tomando como punto de partida la estructura del Estado colombiano, la Contraloría General de la República hace parte del grupo de los denominados órganos autónomos e independientes del Estado, siendo un ente de control con absoluta autonomía, de acuerdo a la teoría de la separación de poderes, y aunque se trata de un órgano fiscalizador que se encarga del control fiscal, es igualmente supervisado por la Auditoría General de la República, que igualmente en ejercicio de su autonomía e independencia vigila que la CGR cumpla con sus funciones constitucionales y legales.

Dentro de la estructura orgánica de la CGR, esta está organizada de la siguiente forma:

1. Es encabezada por el Despacho del Contralor General de la República, sucedida por el despacho del Vice-contralor y la Secretaría Privada.
2. 6 unidades de apoyo para los diferentes temas que atañen y preocupan a la entidad.
3. La gerencia de talento humano y la gerencia administrativa y financiera.
4. 7 oficinas de apoyo de las múltiples disciplinas que se vale la Contraloría para adelantar las actuaciones que correspondan.
5. 5 contralorías delegadas para los asuntos más relevantes que atañen a la CGR.
6. Y 14 contralorías delegadas intersectoriales, que garantizan que un grupo especializado en determinada materia adelanten el control fiscal efectivo.

Para el caso de las Contralorías Departamentales, Distritales y Municipales se encuentran dentro de la estructura del Estado bajo el modelo territorial de control fiscal, dotados igualmente de autonomía, reteniendo la Contraloría General el control preferente y prevalente sobre estas últimas, en los términos que designe la Ley.

En cuanto a la estructura orgánica de las Contralorías Territoriales, estas se organizan tal como lo dispongan los Concejos Distritales y Municipales y las Asambleas Departamentales, previo proceso democrático y deliberativo.

b) Generalidades

La Corte Constitucional se refiere a la Contraloría General de la República en los siguientes términos:

> es un organismo de control estatal con competencias específicas, que acompaña horizontal, colaborativa y armónicamente a las ramas tradicionales del poder público, a través de una función especializada y autónoma mediante la cual: inspecciona la actividad fiscal externa de todas las instituciones del Estado desde el punto de vista financiero, de gestión y de resultados. (C-101 de 2018. M.P. Jorge Iván Palacio Palacio).

De acuerdo con lo dispuesto en los artículos 267 y 268 de la Constitución Política de 1991, corresponde a la Contraloría General de la República y a las contralorías departamentales, municipales y distritales determinar la responsabilidad que se derive de la gestión fiscal, de ser el caso, imponer sanciones pecuniarias con el fin de reparar el daño ocasionado al erario, y de ser necesario ejercer la jurisdicción coactiva en los términos que indica la Ley.

Corresponde a la CGR, adelantar el control posterior y selectivo de la gestión fiscal, así como excepcionalmente, adelantar una revisión concomitante y preventiva de las actuaciones administrativas y privadas que impliquen el manejo de recursos públicos, respetando los límites que la misma Ley les ha impuesto. Por su parte, a las Contralorías Territoriales se les ha vedado de esta última facultad, por lo cual solo se les permite adelantar un control posterior y selectivo en su doble connotación de la que ya se hizo referencia.

Pese a que en la estructura del Estado, la Contraloría General de la República es el máximo órgano de control fiscal, del cual se desprenden las respectivas Contralorías Territoriales, la primera no cumple la función de superior jerárquico de las segundas, toda vez que ellas están dotadas de plena independencia y autonomía.

El artículo 113 de la Constitución Política de 1991, consagró el principio de la separación de poderes, influencia del constitucionalismo moderno que adoptó los postulados de Montesquieu, dividiendo el Estado en tres ramas, la ejecutiva, la legislativa y la judicial, con el propósito de diferenciar las diferentes competencias y atribuciones que atañen al modelo de Nación elegido por el pueblo soberano, con ello busca satisfacer los fines del Estado de la manera más eficiente, garantizar la protección de la Dignidad humana y controles de las distintas ramas entre sí para preservar el orden constitucional.

La misma norma Superior, dispone que además de las Ramas del Poder Público, existen otros órganos autónomos e independientes encargados de vigilar a las primeras para garantizar el cumplimiento de las funciones del Estado, además de colaborar armónicamente con la mismas, dentro del marco de su independencia para alcanzar los fines que señala el artículo 2 de la Carta.

Dentro de los órganos autónomos e independientes de que trata el artículo 113 de la Constitución, se encuentran los denominados «de control», encuadrados en el artículo 117, conformados por el Ministerio Público y la Contraloría General de la República, Sobre dicha separación señala la Corte Constitucional «que esta lógica de separación, independencia y autonomía otorgada a la Contraloría General de la República, anuncia por sí misma, la concepción que se consagra en la nueva Constitución del control fiscal» (C-557 de 2009. M.P. Luis Ernesto Vargas Silva).

De conformidad con el artículo 119 de la Carta Política la función de la CGR consiste en vigilar la gestión fiscal de los servidores públicos y las personas de derecho privado que manejen a cualquier título recursos de la Nación, en todos los órdenes y niveles, así como el resultado de la administración, con el fin de asegurar que esta última cumpla con los cometidos del Estado.

Y para que la Contraloría ratifique su función de control fiscal debe someterse a los siguientes criterios:

a. Se ajusten a los principios de contabilidad aceptados o señalados por el Contador General.

b. Los criterios de eficiencia y eficacia para la gestión de los recursos públicos y

c. Respondan a los objetivos de la administración pública

En relación con la función fiscal que se ajusta a los 3 anteriores postulados, la carta le confió a la entidad 4 actividades que garantizan la defensa eficiente y eficaz del erario:

1. La vigilancia del manejo de los recursos públicos.

2. La valoración de los costos ambientales en la planificación de la acción del Estado.

3. El análisis de la gestión macroeconómica para lograr un control político al respecto.

4. La determinación de la responsabilidad fiscal, a través de los procedimientos, ordinario y verbal, previstos para ello.

Todas ellas al tenor de lo consagrado por el artículo 267 Superior, las leyes concordantes y especialmente los criterios jurisprudenciales establecidos en los exámenes de constitucionalidad del régimen fiscal vigente.

c) Naturaleza jurídica

El artículo primero del Decreto 267 del 22 de febrero del año 2000, señala la naturaleza jurídica de la Contraloría General de la República en los siguientes términos:

> Es un órgano de control del Estado de carácter técnico, con autonomía administrativa y presupuestal para administrar sus asuntos en los términos y en las condiciones establecidas en la Constitución y en las leyes. La Contraloría General de la República no tendrá funciones administrativas distintas de las inherentes a su propia organización.

La naturaleza jurídica de las Contralorías Territoriales se encuentra sustentada en los Acuerdos u Ordenanzas que las organizan, que en la práctica plasma el mismo contenido dispuesto para la Contraloría General.

Sobre la personería jurídica de las Contralorías Territoriales, el Consejo de Estado, en múltiples decisiones ha señalado que estas adolecen de dicho atributo:

> La jurisprudencia de la Sección ha señalado que aunque las Contralorías Territoriales gozan de autonomía presupuestal, administrativa y contractual, ello por sí solo no les confiere el atributo de la personalidad jurídica, la cual debe estar determinada en forma expresa y clara en el ordenamiento jurídico. (Consejo de Estado, Sección Segunda, Subsección B, sentencia de 6 de agosto de 2008. Expediente 0507-2006. M.P. Gerardo Arenas).

d) Ejercicio de función administrativa

Partiendo del análisis del artículo 267 de la Constitución que establece que las Contralorías sólo ejercen aquellas funciones administrativas inherentes a su organización, se debe entender que estas corresponde a la denominada administración activa, es decir, a funciones propias de la administración con las cuales se da cumplimiento a los propósitos de la entidad, con ello se evita el fenómeno de coadministración que se manifestaba con la antigua legislación, para lograrlo, la Corte Constitucional señala que el constituyente primario separó «la función ejecutiva administrativa (ordenación del gasto) de la función de control (verificación de su legalidad y eficacia y eficiencia de gestión)». (C-189 de 1998. M.P Alejandro Martínez Caballero).

Igualmente reseña el Alto Tribunal que en las discusiones de la Asamblea Constituyente sobre este tema, dejaron en claro que los actos de la Contraloría no pueden ser catalogados como «administrativos», ya que dicha connotación está restringida a las actuaciones del poder ejecutivo.

Adicionalmente se advierte que las Contralorías no ejercen una función administrativa sobre los sujetos fiscalizados, ya que la ordenación del gasto está restringida al representante de cada entidad, la Constitución es clara en separar las actividades de control fiscal, de la función administrativa.

e) Competencias

El artículo 268 Superior, consagra las atribuciones entregadas al Contralor General de la República, las mismas que son encargadas según sea el caso, a los Contralores Territoriales, por lo tanto es allí que se regulan las competencias de este órgano de control, sin perjuicio de las que establezca la Ley.

En términos de contabilidad, la jurisprudencia constitucional ha señalado que el control fiscal de la Contraloría General le otorga la competencia a este órgano para la consolidación del presupuesto general de la Nación y del presupuesto de las entidades descentralizadas o por servicios, independiente del orden territorial al que se circunscriben.

También se le ha entregado la función de realizar la consolidación del presupuesto de los particulares que a cualquier título manejen fondos de la Nación, claro está, solo sobre la porción que corresponda a dichos recursos.

Igualmente se le ha entregado a la CGR la competencia de uniformar, centralizar y consolidar la contabilidad que atañe a la ejecución del Presupuesto General del Sector Público, presentando los informes con sus respectivos respaldos en la oportunidad que señale la Ley aplicable a dicho trámite.

En aras de preservar la unidad normativa de la Carta, le fue entregada a la Contraloría General de la República la competencia de llevar la contabilidad de la ejecución del presupuesto y el tesoro, ya que es esta entidad la encargada de presentar la cuenta general ante la Cámara de Representantes, para que dicha entidad se encargue del fenecimiento de las cuentas según lo estipula el numeral segundo del artículo 178 de la Constitución y demás legislación reglamentaria.

El numeral 4 del artículo 268 Superior faculta al Contralor General de la República para exigir informes sobre su gestión fiscal a los empleados oficiales de cualquier orden y a toda persona o entidad pública o privada que administre fondos o bienes públicos.

- **Generalidades**

La Contraloría General y las Contralorías Territoriales, ostentan la facultad de exigirle a la administración y a todas las entidades que conforman el Estado, sean del nivel Nacional o Territorial, así como a los particulares que manejen recursos del Estado, la retribución de un daño derivado de la responsabilidad fiscal, cuando el funcionario o sujeto de derecho privado con su actuación dolosa o gravemente culposa lesionen el patrimonio público.

En lo que compete al proceso de responsabilidad fiscal, iniciado por el órgano fiscalizador, se encuentra fundamentado en el numeral 5 del artículo 268 y el numeral 6 del artículo 272 de la Constitución, que reconocen al Contralor General de la República y a los contralores territoriales, las siguientes competencias:

1. Establecer la responsabilidad que se derive de la gestión fiscal.
2. Imponer las sanciones pecuniarias que sean del caso.
3. Recaudar el monto de tales sanciones y
4. Ejercer la jurisdicción coactiva sobre los alcances de dicha responsabilidad.

Entonces, ha señalado la Corte Constitucional que el proceso de responsabilidad fiscal:

> se constituye en una función complementaria del control y vigilancia de la gestión fiscal que le corresponde ejercer a la Contraloría General de la República y a las contralorías departamentales, municipales y distritales, convirtiéndose en el mecanismo jurídico con que cuentan tales entidades para establecer la responsabilidad de los servidores públicos y de los particulares, en el manejo de fondos y bienes públicos, cuando con su conducta se advierte un posible daño al patrimonio estatal» (C-382 de 2008 Rodrigo Escobar Gil).

Finalmente para que las Contralorías puedan cumplir la función especial que el constituyente primario le ha encomendó en el ejercicio del control y responsabilidad fiscal, no solo se le ha dotado de mecanismos jurídicos y competencias o atribuciones legales, también se le han designado tareas para la correcta prestación de su servicio entre las cuales se encuentran:

i. Prescribir los métodos y la forma de rendir cuentas a los responsables del manejo de fondos o bienes de la Nación, e indicar los criterios de evaluación financiera, operativa y de resultados que deberán seguirse.
ii. Revisar y fenecer las cuentas que deben llevar los responsables del erario y determinar el grado de eficiencia, eficacia y economía con que hayan obrado.
iii. Exigir informes sobre su gestión fiscal a los empleados oficiales de cualquier orden y a toda persona o entidad pública o privada que administre fondos o bienes de la Nación y
iv. Las demás que le señale la ley. (Constitución Política de Colombia. Gaceta Constitucional número 114. Domingo 4 de julio de 1991. Art. 268)

- **Reglamentarias:**

Las competencias reglamentarias entregadas a la Contralorías, son especialmente importantes para desarrollar sus funciones de control fiscal; sin embargo, estos órganos de control deben estar prevenidos de no extralimitarse en sus facultades, igualmente deben respetar los principios de legalidad y de reserva legal, bajo los cuales solo le es permitido al legislador regular ciertos asuntos.

Un claro ejemplo de la jurisprudencia para referirse a los límites de la facultad reglamentaria del Contralor, se presenta tomando como muestra lo estipulado en el numeral primero del artículo 268 de la Carta Política, el cual señala que el contralor debe:

> «prescribir los métodos y la forma de rendir cuentas los responsables del manejo de fondos o bienes de la Nación e indicar los criterios de evaluación financiera, operativa y de resultados que deberán seguirse». (Gaceta Constitucional número 114. Domingo 4 de julio de 1991).

Pero no por ello el máximo representante de la Contraloría podría creer que tiene la facultad de reglamentar las prestaciones y los salarios de los servidores públicos, en ese caso dicha prerrogativa es exclusiva del Presidente de la República, en desarrollo de una Ley Marco, tal como lo advierte la Corte Constitucional (2000).

En otra oportunidad, el Alto Tribunal de lo Constitucional revisando la constitucionalidad de la Ley 42 de 1993, recordó la importancia de la potestad reglamentaria entregada al Contralor para que este pueda desarrollar la función de vigilancia de la gestión fiscal, como dictar normas generales para armonizar los sistemas de control fiscal de todas las entidades públicas del orden nacional y territorial según el numeral 12 del artículo 268 Superior; No obstante, esto no significa que el Contralor goza del poder reglamentario para promulgar un reglamento general sobre el sistema único de control fiscal, que en virtud del principio de reserva legal, es facultad del legislador expedirlo, so pena de extralimitarse en sus facultades.

- **No disciplinaria**

Mucho se ha dicho que el control fiscal busca proteger el patrimonio y los recursos públicos, así como la responsabilidad tiene un único fin reparatorio y no sancionatorio, estrechamente relacionado con los fundamentos axiológicos, teleológicos y constitucionales de estas 2 figuras, por lo tanto el legislador so pretexto de desarrollar la Carta no puede otorgar facultades a las Contralorías de realizar juicios de otro tipo de responsabilidad.

Es muestra entonces del mismo principio de la separación de poderes, que tanto la responsabilidad disciplinaria, como la fiscal, están vigiladas por órganos independientes totalmente distintos, limitación consagrada en el mismos artículo 268 Superior que regula las atribuciones del Contralor, cuyo numeral 8, ordena al Contralor trasladar las investigaciones penales o disciplinarias contra quienes hayan causado perjuicio a los intereses patrimoniales del Estado, a las entidades competentes, eso sí, se confiere un valor probatorio a los resultados de la investigación fiscal.

Sobre la separación de poderes de los órganos de control, la Corte Constitucional es enfática en recalcar que:

> Los mandatos constitucionales que establecen como órganos de control al Ministerio Público, para que ejerza la vigilancia de la conducta oficial

de quienes desempeñan funciones públicas, y a la Contraloría General de la República, para que ejerza la vigilancia de la gestión fiscal y el control de resultados de la administración y de los particulares o entidades que manejen fondos o bienes de la Nación, a través de un ejercicio separado y autónomo de sus funciones, de conformidad con la naturaleza jurídica de los poderes disciplinario y fiscal del Estado, respectivamente. (C-661 de 2000. M.P. Álvaro Tafur Galvis).

f) Autonomía

La autonomía de las Contralorías, es un elemento constitucional esencial del control y la responsabilidad fiscal, que como lo dice la Corte Constitucional (1996) se enmarca dentro del Estado unitario que señala el artículo primero de la Carta, lo que se traduce en que ésta se ejerce con arreglo a los principios establecidos por la Constitución y la ley, «en este sentido la mencionada autonomía hace referencia a la estructura y organización de naturaleza administrativa especializada». (Corte Constitucional. C-272 de 1996. MP. Antonio Barrera Carbonell).

Poco se habla de la autonomía de los órganos de control fiscal desde una perspectiva política, y es que mucho se dice de su papel dentro de la estructura del Estado, pero no son muchos los estudios de gran relevancia que evalúan la injerencia política en el control fiscal. Para ampliar esta visión al campo político, algunos autores se permiten cuestionarse sobre la verdadera independencia del órgano fiscalizador, y pese a que se han presentados grandes esfuerzos por fortalecer la independencia política del Contralor y el poder ejecutivo, las lógicas de la pugna por un puesto político conduce a seguir dudando de su verdadera independencia.

Retomando las consideraciones jurisprudenciales la concepción de autonomía bajo los parámetros constitucionales de control fiscal, se debe entender que esta no solo compete al nivel Nacional, ya que también irradia al nivel Territorial de la Contralorías, en el entendido de que gozan de plena autonomía e independencia para el desarrollo de su gestión fiscal.

Muestra entonces de todo lo anterior, es que:

Las Contralorías no hacen parte de ninguna rama del Poder Público, como tampoco del nivel central o del nivel descentralizado, pues, sencillamente, constituyen órganos autónomos e independientes, lo cual debe redundar en la independencia requerida en todo hacer controlador.» (Corte Constitucional. C-557 2009. M.P. Luis Ernesto Vargas Silva).

g) Competencias frente al nivel territorial

Las diferentes entidades administrativas territoriales conforman su presupuesto con 2 fuentes, con dineros que provienen de los ingresos de la Nación (recursos exógenos) y lo recursos que provienen de fuentes propias de las entidades territoriales (recursos endógenos), por lo tanto, de acuerdo a los principios de autonomía financiera, es restringida la intervención de la Ley sobre los recursos endógenos, igualmente, es mucho más amplia la regulación del gasto de los recursos exógenos.

Entendido lo anterior, es evidente que la Contraloría General de la República ejerza sus facultades más amplias para ejercer control fiscal de los recursos exógenos en las entidades territoriales, mientras que, en lo que corresponde a los recursos endógenos se aplica de manera excepcional ajustándose al contenido normativo constitucional.

De dicha argumentación, también depende el control prevalente que ejerce la Contraloría General sobre las Contraloría Territoriales, que como el máximo órgano de supervisión del Estado, «no requiere ninguna clase de autorización, ni solicitud, porque se trata de intereses de carácter nacional y, los recursos que se les transfieran, a pesar de que ingresan al presupuesto de las entidades territoriales, no por eso pierden su esencia y no dejan de tener un destino inherente a las finalidades del Estado» (Corte Constitucional. C-364 de 2001. M.P. Eduardo Montealegre Lynett).

Lo que se quiere decir entonces, es que el control prevalente de la Contraloría General, es apenas concebible para el control de los recursos exógenos que se integran al patrimonio de las entidades territoriales, que por mandato expreso de la Carta, persigue la protección de los recursos del Estado, pero en lo que a recursos endógenos corresponde, la ley señala hipótesis verdaderamente excepcionales para que la Contraloría General ejerza sus competencias, la cual es permitida únicamente bajo los siguientes 2 criterios:

1. Cuando así lo solicite el gobierno de la respectiva entidad, una comisión permanente del Congreso, o la mitad más uno de los miembros de las corporaciones públicas territoriales y
2. Cuando así lo solicite la ciudadanía, por medio de los mecanismos legales de participación.

Se evidencia entonces que para permitir el control excepcional de los recursos propios de las administraciones territoriales, debe ser mediado por mecanismos democráticos de interés superior, con el propósito de que no se desconozca la autonomía territorial.

En los casos que se cumpla con alguna de las 2 hipótesis ya señaladas, se imponen definitivamente las atribuciones de la Contraloría General sin ninguna excepción, facultada para adelantar las técnicas de revisión que considere necesarias, y de ser el caso, dar curso al trámite del proceso de responsabilidad fiscal, ya que como lo ha concebido la nutrida jurisprudencia de la Corte Constitucional, el control y la responsabilidad fiscal, son 2 figuras íntimamente relacionadas, que si no se conciben de forma articulada, no tienen razón de existir.

Cuando a través de los procesos democráticos antes señalados se busca la intervención excepcional de la Contraloría General en el control fiscal de las entidades territoriales, naturalmente nace de la duda sobre la imparcialidad del órgano de control territorial, por presuntas injerencias que puedan responder a cuestiones políticas, que vulneran el criterio de independencia que se reseñó páginas más atrás.

En resumen la Corte Constitucional señala:

> La facultad de la Contraloría General de la República sobre las cuentas de las entidades territoriales no es una competencia común u ordinaria del ente fiscalizador y tampoco es una atribución que pueda ejercerse independientemente de su carácter posterior y selectivo, con todas las implicaciones que le asigna el canon 267 fundamental, de ser un control financiero, de gestión y de resultados fundado en la eficiencia, la economía, la equidad y la valoración de los costos ambientales, aspectos que son de la esencia de la función de vigilancia de la gestión fiscal de la administración y de los particulares o entidades que manejen fondos o bienes de la Nación.» (C-364 de 2001. M.P. Eduardo Montealegre Lynett).

2. Auditoría General

La Auditoría General de la República a la luz de lo dispuesto por el artículo 274 de la Carta Política, es la encargada de adelantar la vigilancia de la gestión fiscal tanto de la Contraloría General de la República, como de las Contralorías Territoriales, para ello la Auditoría realizará la certificación anual de las Contralorías Territoriales a partir de indicadores de gestión, que son tenidos en cuenta por la Contraloría General de la República para intervenir administrativamente las Contralorías Territoriales (es necesario recordar que la Contraloría General no cumple el rol de superior jerárquico de las Contralorías Territoriales) y asuma competencias cuando se evidencian faltas a sus deberes.

De otra parte, el artículo 81 de la Ley 106 de 1993 define la naturaleza de la Auditoría General de la República como «una dependencia de carácter técnico", con autonomía administrativa señalada en la presente ley y presupuesto descentralizado».

La Corte Constitucional, examinando la exequibilidad de la norma antes señalada concluye que la Auditoría «no es otra cosa que un órgano autónomo de fiscalización a través del cual se ejerce el control fiscal de que trata el artículo 274 de la C.P.» (C-499 de 1998. M.P. Eduardo Cifuentes Muñoz).

Según lo anterior la Auditoría, dentro de la organización del Estado se encuadra en los denominados organismos autónomos, y su división orgánica está fijada en la Ley 272 de 2000, conformada por las siguientes:

1. Despacho del Auditor General de la República, con 4 oficinas de apoyo al despacho.
2. Despacho del Auditor Auxiliar

3. Auditoría Delegada para la Vigilancia de la Gestión Fiscal, conformada por 2 direcciones.
4. Secretaría General
5. Órganos de Asesoría y Coordinación
6. Gerencias Seccionales

En cuanto a su régimen normativo de la Auditoría, el numeral primero del artículo 84 de la Ley 106 de 1993, establece que le son aplicables las mismas disposiciones de la Contraloría, siempre que sean compatibles con la misma, por lo cual adelanta un control posterior y selectivo de la gestión fiscal de la Contraloría General y de las Contralorías Territoriales, valiéndose de los mismos sistemas de control como la revisión de cuentas, de control financiero, de control de legalidad, de control de gestión y de control de resultados.

En suma le son aplicables las mismas consideraciones que se han presentado acerca del control y la responsabilidad fiscal para la CGR.

III.

PROCESO DE RESPONSABILIDAD FISCAL

1. Definición

El artículo primero de la Ley 610 de 2000, define el proceso de responsabilidad fiscal en los siguientes términos:

> Es el conjunto de actuaciones administrativas adelantadas por las Contralorías con el fin de determinar y establecer la responsabilidad de los servidores públicos y de los particulares, cuando en el ejercicio de la gestión fiscal o con ocasión de ésta, causen por acción u omisión y en forma dolosa o culposa un daño al patrimonio del Estado. (Diario Oficial Año CXXXVI. N0. 44133. 18 de agosto 2000. Pág. 1)

Es entonces un proceso eminentemente administrativo, que con la vigencia de la Constitución de 1991 inicialmente fue regulados en la Ley 42 de 1993, posteriormente reformado por la Ley 610 de 2000 y finalmente con el Acto Legislativo 04 de 2019, fue reformado por el Decreto 403 de 2020, en la definición legal de este trámite, se observa que contempla un cúmulo de actuaciones materiales y jurídicas, como cualquier otro procedimiento, está sometido a la del debido proceso, además de ser competencia exclusiva de las Contralorías para determinar la responsabilidad fiscal de los servidores públicos o de los particulares, por la mala gestión fiscal que debían adelantar y perseguirlo hasta la reparación exitosa del erario público.

Por su parte la Corte Constitucional ha definido el proceso de responsabilidad en los siguientes términos:

> es el mecanismo jurídico con el que cuentan la Contraloría General de la República y las contralorías departamentales, municipales y distritales para establecer la responsabilidad de los servidores públicos y de los particulares, en el manejo de fondos y bienes públicos, cuando con su conducta -activa u omisiva- se advierte un posible daño al patrimonio estatal. (Corte Constitucional. C-836 de 2013. M.P. Gabriel Eduardo Mendoza Martelo).

Este se diferencia de otros trámites procedimentales adelantados por la misma administración, como lo sería un proceso disciplinario o los tramitados en sede judicial como el penal, en cuanto el proceso de responsabilidad no tiene una connotación sancionatoria y puede adelantarse simultáneamente con cualquiera de estos dos últimos sin que por ello se pueda invocar un doble juzgamiento.

2. Origen

El proceso de responsabilidad fiscal nace por la preocupación del pueblo soberano de proteger el patrimonio y los recursos, como consecuencia de los constantes fenómenos de corrupción, hablar del origen del proceso de responsabilidad fiscal, es hablar de los mismos antecedentes de la responsabilidad fiscal, por lo tanto, este se remonta a algunos siglos atrás, tal como se narró al inicio de este texto.

La Corte Constitucional (2013) ha entendido lo mismo, afirmando que el proceso de responsabilidad fiscal encuentra su origen en la misma gestión fiscal, es decir, pretende indagar por la conducta de los servidores públicos y los particulares que a cualquier título manejen o administren fondos públicos, son quienes están llamados a responder cuando en los términos de Ley se les atribuya la malversación o el incorrecto uso de los dineros del Estado.

3. Finalidad

Este proceso, es una de las herramientas con las cuales cuentan los órganos de control fiscal para garantizar el correcto ejercicio de la función que la Constitución les ha encomendado, en ese sentido, la finalidad del proceso no es más que proteger el patrimonio del Estado, a través de un trámite que se ajuste a las garantías de quienes son investigados, para que al momento de determinar su responsabilidad, tales sujetos, puedan ser sometidos al imperio del Estado y perseguir la recuperación de los fondos que fueron sustraídos de su haber.

Adicionalmente, con el proceso de responsabilidad fiscal no solo se garantiza la protección de los recursos públicos, también desde el enfoque axiológico que aquí se ha indagado, se persigue la preservación y el restablecimiento de la moralidad administrativa, por ello acerca de su finalidad la Corte Constitucional ha insistido:

> tiene por finalidad resarcir el patrimonio público por los detrimentos causados por la conducta dolosa o culposa de los servidores públicos que tenga[n] a su cargo la gestión fiscal. En tal sentido, tiene un carácter patrimonial resarcitorio mas no sancionatorio, pues pretende que el funcionario repare el daño causado al erario por su conducta dolosa o culposa. (C-101 de 2018. M.P. Jorge Iván Palacio Palacio).

4. Naturaleza y características

La naturaleza del proceso de responsabilidad fiscal en ningún sentido se puede asimilar a un trámite jurisdiccional, por lo tanto es eminentemente administrativa, lo que significa que el investigado jurídicamente no está sometido a un juzgamiento propiamente dicho, pues no se está hablando de la actividad judicial del Estado que compete por regla general al poder judicial. La acción fiscal se adelanta en el terreno de la función administrativa, por lo tanto, se otorga la posibilidad al sujeto activo de la conducta de acudir a la jurisdicción contencioso administrativa, para que una vez concluido el trámite administrativo, pueda cuestionar la legalidad del procedimiento o la decisión proferida por el funcionario si así lo considera.

Del proceso de responsabilidad fiscal, se destaca que encuentra pleno respaldo en los artículos 268-5 y 272-6 de la Constitución, los cuales facultan al Contralor General de la República y a los Contralores Territoriales a adelantar las actuaciones que en derecho correspondan para colegir la responsabilidad de quienes adelantan la función fiscal y cumplir con su función de proteger el patrimonio público.

La Corte Constitucional (2001) revisando la exequibilidad de la expresión «con ocasión de ésta» que se encuentra en el artículo primero de la Ley 610 del 2000 que define el proceso de responsabilidad fiscal, declaró su exequibilidad señalando que los actos que materialicen la responsabilidad fiscal deben estar sometidos a una conexidad próxima y necesaria con el desarrollo de la gestión fiscal, lo que se traduce en que su naturaleza igualmente es de control fiscal, a tal punto, que se deriva del control posterior y selectivo que adelantan las Contralorías.

Este proceso, por su especial relevancia, le han sido atribuidas ciertas características que buscan identificarlo como único, en consecuencia la Corte Constitucional señala las siguientes características:

(i) es un proceso administrativo, cuyo objeto es establecer la responsabilidad patrimonial que corresponde a los servidores públicos o particulares por su conducta, que tramitan los órganos de control fiscal.

La primera característica que señala el Alto Tribunal es su notable naturaleza administrativa, por cuanto es adelantada por los órganos autónomos de control fiscal (contralorías), tramitado conforme a las normas del procedimiento administrativo, aunque en garantía del debido proceso, pudiendo ser recurridas en sede judicial.

(ii) la responsabilidad que se declara es administrativa, porque se juzga la conducta de personas que manejan bienes o recursos públicos y que lesionan el erario, y es patrimonial, pues se refiere a un daño y a su resarcimiento.

En relación con la anterior, esta segunda característica hace referencia a lo que se denomina como «responsabilidad administrativa», en ella se individualiza a quienes a cualquier título adelantan una gestión fiscal, de cuantificación el daño (en este caso netamente patrimonial) y se establece la forma en que se va a reestablecer.

(iii) la declaración de responsabilidad fiscal no es una sanción y, en esta medida, no se enmarca dentro de los presupuestos propios del proceso penal o del proceso disciplinario, sino que es una responsabilidad autónoma, que apunta a resarcir un daño patrimonial.

Con la tercera característica la Corte diferencia este de otros procesos que son adelantados por la misma administración y los que son de cocimiento por el poder judicial, que inclusive, pueden ser adelantados por los mismos hechos, ya que en cada especialidad son castigadas las mismas conductas, pero con diferentes fundamentos, aclarando que el proceso de responsabilidad fiscal no se identifica como sancionatorio.

(iv) en este proceso se debe observar las garantías sustanciales y adjetivas propias del debido proceso de manera acorde con el diseño constitucional del control fiscal. (Corte Constitucional. (C- 512 de 2013. M.P. Mauricio González Cuervo).

El modelo constitucional vigente en Colombia señala que cualquier trámite administrativo o judicial que esté previsto para determinar la responsabilidad de una persona natural o jurídica, debe estar conformados por etapas e instancias, con arreglo a las garantías señaladas en el bloque constitucional, garantizando el resarcimiento del daño, pero también la protección de los derechos humanos de quien se presume a violado una norma de cualquier naturaleza, tal como sucede con quienes adelantan una gestión fiscal y actúan en detrimento del patrimonio público.

> Tal caracterización exige además que los derechos fundamentales sean directamente vinculantes para todos los poderes del Estado, es decir, que el desarrollo que pueda y deba efectuar el legislativo no se configure como una mediación necesaria e imprescindible para su efectiva vigencia. (Luis Prieto Sanchis. 1990. Pág. 116).

Dicha especie de responsabilidad, ha dicho esta Corporación, es de carácter subjetivo, porque para deducirla es necesario determinar si el imputado obró con dolo o con culpa. (C-304 de 2007. M.P. Rodrigo Escobar Gil).

Finalmente, la Corte señala que esta responsabilidad es de carácter subjetivo, entre tanto se debe determinar como criterio de imputación si el investigado actuó con dolo o con culpa en el grado que señale la Ley, se ha dicho que en materia de responsabilidad fiscal fue proscrita la responsabilidad objetiva.

Para la cuantificación del daño, ha dicho la Corte (2007) debe acudirse a las reglas generales aplicables en materia de responsabilidad, según los criterios ya expuestos, pero además, deberá establecerse «no sólo la dimensión de éste, sino que debe examinarse también si eventualmente, a pesar de la gestión fiscal irregular, la administración obtuvo o no algún beneficio» (C-077 de 2007. M.P. Jaime Araújo Rentería).

Sobre los bienes jurídicos tutelados en cada tipo de responsabilidad y su aplicación normativa son naturalmente diversos, a tal punto que, en materia penal la reparación de los perjuicios ocasionados al patrimonio estatal no detiene al aparato judicial para sancionar la conducta socialmente reprochable, en el proceso de responsabilidad fiscal, con fundamento en artículo 16 de la Ley 610 de 2000, la indagación preliminar se podrá archivar cuando se demuestre por parte del investigado, el pago o reintegro del bien.

5. Comparación con el proceso disciplinario y el proceso penal

Como se ha dicho, el proceso de responsabilidad fiscal se diferencia de otros de naturaleza administrativa y judicial, por lo mismo, es posible que un mismo hecho de origen a la apertura de diferentes trámites que busquen indagar por la responsabilidad de un sujeto tal como lo ha ratificado el Consejo de Estado.

> El carácter autónomo y resarcitorio de la acción de responsabilidad fiscal a cargo de las contralorías es compatible con la responsabilidad que deduzcan otras autoridades judiciales o administrativas en relación con el cumplimiento irregular o el incumplimiento de las obligaciones. (Consejo de Estado. Radicado No. 11001-03-15-000-2015-02436-01. 25 de febrero de 2016. Alberto Yepes Barreiro).

En la gran diversidad de estos procesos y en relación con el tema que aquí se está estudiando, se presentará una leve comparación con el trámite disciplinario, para demostrar que diferencias o similitudes los identifican.

El proceso de responsabilidad fiscal, recae sobre los funcionarios público o particulares, que en ejercicio de la gestión fiscal, con su conducta dolosa o gravemente culposa, lesionen el erario público, es un trámite de sujeto activo calificado y por lo tanto, por el mismo hecho sólo pueden incurrir, además de esta, en responsabilidad disciplinaria o penal, sobre las cuales se presentará una breve comparativa con el tema que aquí se presenta.

En cuanto al proceso disciplinario, este es de naturaleza única y exclusivamente sancionatoria, mientras el de responsabilidad fiscal es exclusivamente resarcitoria y por su parte la sanción penal, se puede afirmar que persigue estos 2 fines, ya que indaga pretende sancionar una conducta según la tasación de la pena, pero además, se puede perseguir el resarcimiento económico del daño, aunque claramente para este último fin, es más expedito el proceso fiscal.

En relación con la anterior diferencia, la Corte Constitucional (2000) mediante sentencia C-661 del 2000, ha señalado que por su parte, la naturaleza del daño de la responsabilidad fiscal es netamente patrimonial, susceptible de cuantificación, mientras que el disciplinaria es un daño totalmente extrapatrimonial y no puede ser valorado económicamente, de otra parte el proceso penal, pese a que no necesariamente persigue un daño patrimonial, en algunas ocasiones los tipos penales establecen unos montos de dinero para categorizar la conducta y en otras es justamente el detrimento económico el que activa su jurisdicción, por lo tanto si mide un daño patrimonial.

Sobre el bien jurídico tutelado, en la misma providencia, la Corte ha señalado que en el proceso disciplinario se busca garantizar la correcta marcha y el buen nombre de la cosa pública; el fiscal protege los fondos y bienes públicos; y el penal, protege la administración pública en su sentido más amplio.

Finalmente, los 3 procesos se asimilan por cuanto están sometidos a las garantías procesales que se derivan del artículo 29 Superior y a las normas de orden internacional, y que como consecuencia de ello, se evalúa la responsabilidad subjetiva del presunto autor; la sanción es a título personal y por lo tanto en ninguno de los 3 se permite la compensación de culpas.

6. Objeto

El artículo 4° de la Ley 610 de 2000, modificado por el artículo 124 del Decreto 403 de 2000, define el objeto de la responsabilidad fiscal - y por tanto el proceso fiscal que se tramita para ello - en los siguientes términos:

> La responsabilidad fiscal tiene por objeto el resarcimiento de los daños ocasionados al patrimonio público como consecuencia de la conducta dolosa o gravemente culposa de quienes realizan gestión fiscal o de servidores públicos o particulares que participen, concurran, incidan o contribuyan directa o indirectamente en la producción de los mismos, mediante el pago de una indemnización pecuniaria que compense el perjuicio sufrido por la respectiva entidad estatal. Para el establecimiento de responsabilidad fiscal en cada caso, se tendrá en cuenta el cumplimiento de los principios rectores de la función administrativa y de la gestión fiscal. (Diario Oficial Año CXXXVI. N0. 44133. 18 de agosto 2000. Pág. 1)

El objeto del proceso de responsabilidad fiscal, es identificar e individualizar al servidor público o particular, que en ejercicio de la gestión fiscal, con su conducta dolosa o gravemente culposa, lesione el erario, cuantificar y determinar económicamente el daño causado y consecuentemente perseguir la reparación que compense el perjuicio al patrimonio público.

Respecto del criterio de imputación de la conducta culposa como elemento de la responsabilidad fiscal, con la modificación del Decreto 403 de 2020, se establece que se debe elevar hasta el grado de culpa grave, atendiendo a los criterios jurisprudenciales de esta graduación, ya que en una anterior oportunidad, la Corte Constitucional mediante la Sentencia C-619 de 2002, declaró la inexequibilidad de la culpa leve para que se formara la responsabilidad fiscal; el Alto Tribunal consideró que esto era contrario a lo dispuesto en el artículo 90 Superior, que elimina el criterio de culpa leve para determinar la conducta contraria a derecho de un funcionario o particular que adelante funciones públicas.

El mencionado criterio constitucional ya se venía aplicando toda vez que la ratio decidendi de las sentencias de constitucionalidad, tienen efectos erga omnes de obligatorio cumplimiento, pero se anota que el legislador (en este caso el legislador excepcional - Presidente de la República) lo incluyó desde el mismo contenido normativo, que aunque no lo hubiere redactado en esos términos, seguiría primando el criterio jurisprudencial.

7. Reserva

La reserva es un principio que se aplica en las diferentes áreas del derecho, por medio del cual, por ejemplo, se restringe el ejercicio de ciertas facultades entregadas por competencia a cada rama del poder público, o como lo es en materia del proceso fiscal, es la obligación de mantener en absoluto secreto las actuaciones adelantadas por el órgano investigador, con el propósito de no obstruir el trámite, o de tener absoluto sigilo en los trámites de investigación que se pretenden adelantar para encontrar la verdad sin que el investigado se oponga o lo obstaculice.

El artículo 20 de la Ley 610 de 2000, modificado por el artículo 133 del Decreto 403 de 2020, acerca de la reserva en el proceso fiscal dispone lo siguiente:

> Las actuaciones adelantadas durante la indagación preliminar y el proceso ordinario o verbal de responsabilidad fiscal son reservadas hasta que se culmine el período probatorio establecido para su práctica.
>
> En consecuencia, ningún funcionario podrá suministrar información, ni expedir copias de piezas procesales, salvo que las solicite autoridad competente para conocer asuntos judiciales, disciplinarios, fiscales o administrativos. (Diario Oficial Año CXXXVI. N0. 44133. 18 de agosto 2000. Pág. 1).

La Corte Constitucional en sentencia C-477 de 2001, refiriéndose a la constitucionalidad del texto vigente antes de la reforma del 2020, que contemplaba la reserva hasta que concluyera el proceso fiscal, comentó que la reserva de las investigaciones preliminares, se ajusta plenamente a la Carta, toda vez que sin existir un grado razonable de certeza en la autoría de la falta y los hechos que se le atribuyes, la publicidad de dichos actos puede afectar el trámite administrativo, o aún más grave, resultar en imputaciones infundadas.

Es más, la Corte concluyó que hasta la etapa de práctica de pruebas, es jurídicamente viable mantener la reserva de todos los trámites adelantados hasta ese momento, ya que ello responde al principio de eficiencia y en nada afecta la presunción de inocencia.

Pero, extender la reserva, más allá de la práctica de pruebas es excesivamente restrictivo del derecho de los ciudadanos a ejercer el control del poder público, pues hasta ese estanco procedimental ya se tiene certeza los hechos y los sujetos activos de la conducta antieconómica, y tanto el acto de imputación de cargos, como la defensa del investigado ya fueron ejercidas y no hay riesgo de que la publicidad afecte el trámite.

En esa oportunidad el Alto Tribunal declaró la exequibilidad condicionada de la norma, en el entendido de que la reserva se levantará una vez se practiquen las pruebas, o cuando expire el término fijado por la ley para su práctica, con ello se permite al pueblo soberano acceder al respectivo expediente según lo disponga, aun cuando no se haya proferido el fallo de primera instancia.

En consonancia con la jurisprudencia constitucional, el nuevo texto se redactó de acuerdo a lo establecido por la Corte Constitucional, en ese sentido la norma establece que la reserva sólo existirá hasta la culminación de la práctica de pruebas. Aun cuando el legislador no hubiera incluido en la reforma, que la reserva se interrumpe con la práctica de prueba, se seguiría aplicando la interpretación de la Corte acerca del velo de reserva.

Igualmente se debe aclarar que el párrafo 4 del artículo 20 de la Ley 610, dispone que los extremos procesales, podrán acceder a las copias de las actuaciones adelantadas según corresponda, siempre que preserven la reserva de las mismas.

8. Debido proceso

El debido proceso es una garantía constitucional, contemplada en el artículo 29 Superior, que es inherente al ser humano y busca proteger a este mismo, la jurisprudencia lo ha definido en los siguientes términos:

> El conjunto de garantías previstas en el ordenamiento jurídico, a través de las cuales se busca la protección del individuo incurso en una actuación judicial o administrativa, para que durante su trámite se respeten sus derechos y se logre la aplicación correcta de la justicia. Hacen parte de las garantías del debido proceso. (Corte Constitucional. C-341 de 2014. M.P. Mauricio González Cuervo).

Hablando del proceso de responsabilidad fiscal, nos encontramos en el terreno del derecho al debido proceso administrativo, es importante resaltar esto ya que la misma Corte Constitucional (2014) ha señalado que este no tiene los mismos alcances que el debido proceso judicial, ya que cada escenario tiene características sustanciales distintas y por lo tanto no se le puede dar el mismo alcance.

Sobre el debido proceso administrativo, la jurisprudencia ha señalado una doble connotación, la primera, nombrada como «garantías previas» entre las cuales se encuentran el acceso libre a la justicia en condiciones de igualdad, el derecho de defensa, la razonabilidad de los plazos, la imparcialidad, la autonomía e independencia de los jueces, entre otros más, inherentes a cualquier acto o procedimiento administrativo; la segunda, denominada como «garantías posteriores» se refiere a la posibilidad de recurrir las decisiones administrativas, en sede administrativa o judicial.

El debido proceso, como se ha señalado, es una de las principales características del trámite del proceso de responsabilidad fiscal y en ese sentido la Corte Constitucional ha destacado rasgos distintivos adicionales.

> (i) el conjunto complejo de condiciones que le impone la ley a la Administración, materializado en el cumplimiento de una secuencia de actos por parte de la autoridad administrativa; (ii) que guardan relación directa o indirecta entre sí, y (iii) cuyo fin está previamente determinado de manera constitucional y legal. El objeto de esta garantía superior es (i) procurar el ordenado funcionamiento de la Administración, (ii) la validez de sus actuaciones, y (iii) salvaguardar el derecho a la seguridad jurídica y a la defensa de los administrados. (Corte Constitucional. T-909/2009. M.P. Mauricio González Cuervo).

El derecho a la defensa técnica es una de las garantías más importantes que se derivan del debido proceso, ya que no es obligación de la población conocer la estructura que el derecho consagra para llevar a cabo los procesos judiciales o administrativos.

Durante el trámite del proceso de responsabilidad fiscal del cual se expondrán las etapas en el siguiente punto, cuenta con una fase preliminar, en la cual, el investigado no se encuentra formalmente vinculado al proceso, pero si se adelantan ciertas actuaciones tendientes a esclarecer los hechos o determinar la autoría de los mismos.

El derecho a la defensa en el proceso de responsabilidad fiscal está consagrado en el artículo 42 de la Ley 610 del 2000, el cual permite que durante las etapas preliminares no se exija el acompañamiento de un abogado, durante ese tiempo, no existe norma que obligue al presunto autor a contar con un abogado que lo represente, ya que como lo ha expuesto la Corte Constitucional desde la Sentencia SU-620 de 1996, no existe ningún reparo en que ello se consagre así por 2 razones importantes.

Primeramente las actuaciones preliminares están orientadas a establecer la existencia del hecho y la individualización del presunto autor sin que ello signifique juzgamiento previo, segundo, en la responsabilidad fiscal, los servidores públicos o los particular que adelantan la gestión fiscal hacen uso de conceptos técnicos propios de la labor que cumplen, por lo que dichos habilidades requeridas son habilitantes para desempeñar el cargo que se les ha encomendado, es ese conocimiento privilegiado el que les permite rendir declaraciones libres sin la necesidad de que un abogado les asista.

Esta circunstancia es temporal, ya que el párrafo segundo del artículo 42 de la Ley 610, estipula que no podrá dictarse el auto de imputación si el investigado no cuenta con un defensor técnico que le asista, ello permite que el proceso se desarrolle con sujeción a los principios de eficiencia, eficacia, economía procesal y publicidad, y evita la tramitación de un juicio fiscal innecesario, ya que en el mismo compendio normativo, el articulo 36 dispone que la violación del derecho de defensa del implicado (como lo es no contar un abogado al momento de presenciar el auto de imputación), es causal de nulidad del trámite administrativo.

Con la expedición de un acto administrativo debidamente fundado por medio del cual se le imputa responsabilidad fiscal al investigado, genera que la defensa técnica pierda el carácter facultativo y se torne obligatoria, de lo contrario, daría lugar a una eminente desproporción entre la situación jurídica generada para el investigado desde el acto de la imputación, obstruyendo las oportunidades procesales contempladas para oponerse a esa imputación y al eventual fallo que pueda proferirse.

La competencia que el legislador primario ha entregado a la Contralorías para llevar a cabo estos juicios fiscales pretende que al ser un órgano independiente y autónomo, actúe con absoluta imparcialidad del ente territorial sometido a control, ya que al interior de este, pueden existir presiones o injerencias que afecten su idoneidad y objetividad deliberadamente archivando una investigación, o por el contrario, dando apertura a un proceso sin ningún fundamento.

Para la interpretación de las etapas de cualquier proceso, el artículo 228 Superior, es un referente del principio de la prevalencia del derecho sustancial sobre el formal, como una garantía inherente del debido proceso, en ese sentido Jaime Orlando Santofimio Gamboa (1998) ha dicho lo siguiente:

> En cuanto al concepto sustancial y material que procura básicamente garantizar la prevalencia del derecho sustancial y los derechos fundamentales dentro de la actuación procesal, por encima de las simples formalidades, reconociendo a la persona humana como el centro de protección estatal y admitiendo la necesaria conjugación de elementos dirigidos a obtener decisiones justas, todo lo cual contribuye a sustentar la existencia de un verdadero Estado de derecho, en lo que en nuestra opinión es una verdadera óptica dinámica del debido proceso. (Pág. 90).

Otra de las garantías propias del debido proceso se consagra en el principio de doble instancia o doble conformidad, contemplado en el artículo 31 de la Carta Política, en el caso del proceso de responsabilidad fiscal, el fallo con el que se determina la responsabilidad fiscal constituye un acto administrativo, que puede ser recurrido en sede administrativa o impugnado ante la jurisdicción en lo contencioso administrativo.

Ha señalado el Consejo de Estado que tal como lo consagra la misma Carta, el principio de doble instancia, no es absoluto, «en tanto que el legislador, dentro de su libertad de configuración, puede establecer qué procesos serán de única o de doble instancia, sin que esto sea violatorio del derecho al debido proceso y del derecho de defensa, salvo cuando se trate de fallos penales.» (Consejo de Estado. Radicado 76001-23-33-000-2015-01307-01. 2 de marzo de 2016. M.P Jorge Octavio Ramírez Ramírez).

Por ello el legislador ha dispuesto de un proceso de responsabilidad fiscal de única instancia, y el novedoso proceso verbal de responsabilidad fiscal, que se tramita bajo el principio de doble instancia, y pretende mejorar los mismos, eso sí, se debe aclarar que ambos puede ser recurridos en sede judicial al tratarse de verdaderos actos administrativos los que concluyen el proceso.

En suma, concluye la Corte Constitucional que la Ley 610 de 2000 «contiene reglas encaminadas a garantizarle al presunto implicado el derecho a ser oído, a defenderse y a intervenir activamente en el proceso, ya sea en forma directa o por medio de apoderado» (C-557 de 2001. M.P. Manuel José Cepeda Espinosa).

9. Etapas

Con la entrada en vigencia de la Ley 1474 de 2011, en Colombia se modificó el trámite del proceso de responsabilidad fiscal que se tenía previsto para la época y se le impuso un trámite de naturaleza verbal, de acuerdo a las necesidades modernas de imprimir un trámite, eficiente, efectivo, que aplique los principios de la economía procesal, con sujeción a las garantías procedimentales.

Cuando se habla del proceso verbal de responsabilidad fiscal se le aplica tanto a los procesos de doble instancia como de única instancia, según las cuantías previstas en el artículo 110 de la Ley 1474, es un trámite que permite agilizar el curso de los procesos fiscales y pretende disminuir que las investigaciones prescriban o caduquen.

El capítulo octavo, sección primera, subsección 1 de la Ley 1474 de 2011 regula, en lo general, el trámite del proceso verbal de responsabilidad fiscal, sin perjuicio del trámite legislativo, las remisiones normativa y especialmente con sujeción a lo contemplado en la Ley 610 de 2000, por su parte el artículo 98 de la Ley del 2011, se refiere a las etapas de este trámite y dispone lo siguiente:

El proceso verbal comprende las siguientes etapas:

a) Cuando se encuentre objetivamente establecida la existencia del daño patrimonial al Estado y exista prueba que comprometa la responsabilidad del gestor fiscal, el funcionario competente expedirá un auto de apertura e imputación de responsabilidad fiscal, el cual deberá cumplir con los requisitos establecidos en los artículos 41 y 48 de la Ley 610 de 2000 y contener además la formulación individualizada de cargos a los presuntos responsables y los motivos por los cuales se vincula al garante.

b) El proceso para establecer la responsabilidad fiscal se desarrollará en dos (2) audiencias públicas, la primera denominada de Descargos y la segunda denominada de Decisión. En dichas audiencias se podrán utilizar medios tecnológicos de comunicación como la videoconferencia y otros que permitan la interacción virtual remota entre las partes y los funcionarios investigadores. (Ley 1474. Diario oficial Año CXLVII. No. 48128. 12 de julio 2011. Pág. 1)

Como se observa, la norma contempla las actuaciones que se deben adelantar durante el trámite de responsabilidad fiscal, pero, en estricto sentido, no enuncia propiamente las etapas del proceso, por lo cual la jurisprudencia entiende que existen unas etapas que empiezan con el auto de apertura e imputación, hasta el acto administrativo que lo dé por terminado, en donde se tramitan las diferentes audiencias a que haya lugar, a dichas audiencias y los diferentes trámites que se pueden dar en el curso de ellas como la solicitud de medidas cautelares, es a la que la Ley les atribuye el nombre de etapas.

El trámite del proceso de responsabilidad fiscal inicia de oficio según lo ameriten los informes previos de control fiscal de los órganos de control, o a solicitud de parte de la ciudadanía o una entidad sujeta a vigilancia; sin embargo, todos los actos que se den con arreglo a indagaciones preliminares o de investigación previa, no se consideran una etapa propia del proceso de responsabilidad fiscal, ya que como lo estipula la norma citada, este solo inicia con el auto de apertura e imputación, misma interpretación que ha acogido la Corte Constitucional desde la sentencia C-131 de 2001.

En aquella oportunidad la Corte sentenció que en la indagación preliminar:

> No existe certeza sobre los motivos que permiten la apertura del proceso de responsabilidad fiscal y tiene por objeto verificar la competencia del órgano fiscalizador, la ocurrencia de la conducta, la afectación del patrimonio estatal, la entidad afectada e identificar a los servidores públicos o particulares presuntamente responsables. La indagación culmina con el archivo de las diligencias o con la apertura del proceso de responsabilidad fiscal. (C-131 de 2002. M.P. Jaime Córdoba Triviño).

Dicha tesis sigue vigente hoy en día y por ello, el artículo 98 de la Ley 1474 de 2011 solo dispone el inicio de las etapas procesales hasta que se surta la notificación de auto de apertura e imputación, ya que como lo dijo el Alto Tribunal, en las etapas previas solo existe una expectativa, que con el simple hecho que pueda concluir en el archivo de la investigación, mal podría afirmarse que desde ese momento ya había iniciado el proceso,

La apertura del proceso de responsabilidad fiscal es un auto de trámite que se profiere cuando se haya acreditado el daño patrimonial al Estado y se cuente con pruebas serias sobre los autores del mismo. Es una providencia que inicia el proceso de responsabilidad fiscal, que debe fundamentarse fáctica y jurídicamente, en la que se decretan pruebas y medidas cautelares, si hay lugar a ellas, y que debe notificarse a los presuntos responsables, en caso de que hayan sido identificados, para que ejerzan los derechos de defensa y contradicción. Vencido el término probatorio o su prórroga, el investigador fiscal decide si archiva el proceso o si profiere auto de imputación de responsabilidad fiscal.

Por lo tanto la diligencia de exposición libre y espontánea puede llevarse a cabo en cualquier momento mientras se adelanta la indagación preliminar, es una fase preprocesal encaminada a establecer objetivamente si hay lugar al ejercicio de la acción fiscal, y pese a que en esa etapa se prevé la utilización de varios medios para alcanzar dicha objetividad, ha dicho Uriel Alberto Amaya (1996) que ello no obsta para sobrepasar los límites funcionales del ente de control, ya que con ello se desvirtuaría su papel y rompería con el equilibrio procesal.

Durante la vigencia indemne de la Ley 610 de 2000, antes de la reforma de 2011, dicha declaración se podía presentar durante el proceso de responsabilidad fiscal, antes de que se profiera auto de imputación de responsabilidad, pero ahora con la Ley 1474 de 2011, contempla en el artículo 99, numeral 3, que el sindicado podrá rendir versión libre hasta la audiencia de descargos, aun después de la imputación.

Como se dijo, con la vigencia de la Ley 610, el auto de imputación de responsabilidad fiscal, se expedía una vez se daba por demostrado el daño al patrimonio del Estado y existieran las pruebas que comprometa a los implicados, además de su debida notificación a éstos y/o a sus apoderados. Ahora con la vigencia de la Ley 1474, se entiende que esa misma certeza se requiere para la imputación y la apertura del proceso, con los requisitos dispuestos en los artículos 41 y 48 de la Ley 610 de 2000, pero en un mismo acto.

El artículo 41 de la Ley 610 de 2000, contiene los requisitos que debe contener el auto de apertura, entre los cuales se encuentran:

- Competencia del funcionario de conocimiento.
- Fundamentos de he y de derecho
- Identificación de la entidad estatal afectada y de los presuntos responsables fiscales con su debida orden de notificación.
- Determinación del daño patrimonial al Estado y estimación de su cuantía.
- Decreto de las pruebas y de las medidas cautelares. (Diario Oficial Año CXXXVI. N0. 44133. 18 de agosto 2000. Pág. 1).

Por su parte el artículo 49 de la misma norma, establece los requisitos del auto de formulación de imitación que debe contener:

- La identificación plena de los presuntos responsables, de la entidad afectada y de la compañía aseguradora, del número de póliza y del valor asegurado.

- La indicación y valoración de las pruebas practicadas.
- La acreditación de los elementos constitutivos de la responsabilidad fiscal y la determinación de la cuantía del daño al patrimonio del Estado. (Diario Oficial Año CXXXVI. N0. 44133. 18 de agosto 2000. Pág. 1)

Se debe decir que dicho contenido se requería bajo la égida de la Ley 610 de 2000, ahora con la vigente Ley 1474 de 2011 que concibe que estos 2 autos se deben contener en un único acto, se remite a los artículos 42 y 49 de la primera Ley para sus requisitos, pero algunos de ellos son incompatibles con el artículo 99 de la segunda Ley, ya que en la Ley 610 se estipula que el auto de apertura debe contener el decreto de pruebas y medidas cautelares, mientras que con el proceso verbal dicho trámite se adelantará en la audiencia de descargos, por lo cual en atenta nota a lo enunciado, se deberá aplicar lo dispuesto por la Ley 1474 de 2011, en el entendido que con el auto de apertura, no se decretarán las pruebas, aunque las medidas cautelares, al poder solicitarse en cualquier momento, si podrían incluirse en el mencionado auto.

Además, en el auto de apertura e imputación se deberá fijar la fecha y la hora de la audiencia de descargos. La Corte Constitucional ha destacado «que la apertura del proceso de responsabilidad fiscal se surte a través de un auto de trámite que se profiere cuando se haya acreditado el daño patrimonial al Estado y se cuente con pruebas serias sobre los autores del mismo» (C-382 de 2008. M.P. Rodrigo Escobar Gil), se debe recordar que los autos o actos de trámite no son recurribles y de ahí, la importancia que el decreto de pruebas se suprimirá del auto de apertura.

Una vez surtida la notificación del respectivo acto, el proceso de responsabilidad fiscal se desarrollará en 2 audiencias públicas, la primera denominada de Descargos y la segunda de Decisión, según lo dispuesto en los artículos 99 y 101 de la Ley 1474 de 2011, respectivamente.

En la audiencia de descargos, el investigado se podrá disponer a rendir su versión libre, aceptar cargos, presentar un acuerdo de resarcimiento, en esta etapa se notificarán las medidas cautelares ya decretadas, el imputado o su abogado estarán facultados para presentar impedimentos y recusaciones, proponer nulidades y en general el funcionario que dirige la audiencia podrá decidir cualquier actuación conducente en esta etapa.

Las solicitudes de impedimentos y recusaciones se decidirán por fuera de la audiencia.

Mientras en la etapa de decisión, se presentarán los alegatos de conclusión, quien dirige la audiencia retomará todos los aspectos sustanciales y procesales que han transcurrido a lo largo de la investigación administrativa y en el trámite procedimental, para finalmente, proferir su decisión de fallo con o sin responsabilidad fiscal, para ello la audiencia podrá suspenderse hasta por 20 días, tiempo en el cual, una vez dictada la decisión, se notificará en estrados y procederán los recursos de reposición y apelación, que se deberán sustentar en la audiencia de forma oral o por escrito dentro de los 10 días siguientes, tiempo desde el cual el funcionario tendrá 2 meses para resolverlos.

En el caso de los procesos que por su cuantía sean de única instancia, sólo procederá el recurso de reposición, con los mismos términos antes señalados.

Los demás trámites que correspondan al curso de este proceso serán regulados por la misma Ley 1474 de 2011, en lo no dispuesto se deberá remitir a la Ley 610 de 2000, siempre que sea compatible con la primera, y finalmente, aunque no lo disponga, la regla general de interpretación permite acudir a la Ley 1437 de 2011 (Código del Procedimiento Administrativo y de lo contencioso Administrativo).

Por su parte el Consejo de Estado, sobre el proceso de responsabilidad fiscal ha señalado las siguientes particularidades:

a) Según la redacción de dicho artículo, los términos previstos para practicar pruebas en la indagación preliminar y en la etapa de investigación serán preclusivos.

b) Ahora, resulta de vital importancia advertir que la norma señala que la práctica de pruebas no podrá exceder de dos años contados a partir del momento en que se notifique la providencia que las decreta. (Consejo de estado. Radicado 25000-23-41-000-2016-01063-01. 16 de agosto de 2016. C.P Lucy Jeannette Bermúdez Bermúdez).

En la misma sentencia el Alto Tribunal de lo Contencioso Administrativo, señaló que el periodo de decreto y práctica de pruebas es exclusivamente procesal y por lo tanto solo se puede entender que la formación de la prueba se da dentro del trámite del mismo, ya que aunque en las etapas preliminares y de investigación se persiguen pruebas para determinar la autoría y los hechos antieconómicos, en dichas etapas previas no existe algo similar al auto que decreta las pruebas y por lo tanto no se le aplica el término de preclusividad dispuesto para la etapa procesal.

La Ley contempla que el conteo de los términos para practicar las pruebas se deban adelantar por fuera de la audiencia, inicia a partir del momento en que se notifique la providencia que las decreta, lo que se debe concluir es que en las instancias en las cuales no se dicta esta providencia, no habrá lugar a la aplicación de dicha ampliación de la oportunidad legalmente prevista a efectos de practicar las pruebas debidamente decretadas, tal y como ocurre en la indagación preliminar, instancia que no prevé el decreto de pruebas.

Así, pues, hoy nos hallamos ante una regulación que presenta una estructura temática y procedimental mucho más garantista del debido proceso, sin que ello obste para que los ciudadanos puedan instaurar las correspondientes demandas en acción de inconstitucionalidad. (Corte Constitucional. C-840 de 2001 M.P. Jaime Araujo Rentería).

10. Reapertura

La reapertura del proceso fiscal, es una figura jurídica contemplada en el artículo 17 de la Ley 610 de 2000, con la cual es posible retomar el cauce del trámite administrativo, siempre y cuando se cumpla con los presupuestos allí dispuestos.

Ha dicho la Corte Constitucional (2008) que la posibilidad de decretar la reapertura de la indagación preliminar o del proceso de responsabilidad fiscal, sin importar la etapa en la que se encontraba el proceso al momento de ser declarado su archivo, es una medida excepcional, que suspende los efectos de firmeza del auto de archivo del expediente. En principio, es una facultad que se considera legítima, y obedece al principio de libertad de configuración legislativa del Congreso, está plenamente justificado en la necesidad de promover la defensa y reparación del patrimonio público, esto le permite a las Contralorías cumplir con el control fiscal que la Constitución le delega y establecer la responsabilidad de los servidores públicos y los particulares que adelantan la gestión fiscal y con su conducta deterioran el patrimonio público.

Dicha medida se encuentra limitada a dos eventos específicos que se advierten legítimos: «(i) que aparezcan o se aporten nuevas pruebas que acrediten la existencia de un daño patrimonial al Estado o la responsabilidad del gestor fiscal, o (ii) que se demuestre que la decisión se basó en prueba falsa». (Corte Constitucional. C-382 de 2008. M.P. Rodrigo Escobar Gil).

El primero de los mencionados límites, permite dar apertura nuevamente al proceso de responsabilidad fiscal, que una vez haya sido decretado el archivo, posteriormente surjan elementos de juicio nuevos que no hayan sido allegados a la indagación preliminar o al proceso, y por consecuente lógica no pudieron ser conocidos, ni mucho menos debatidos y puestos en consideración durante tales instancias, aunque dichos elementos deben estar encaminados a acreditar la existencia de un daño patrimonial al Estado o la responsabilidad del gestor fiscal, que sea tan relevante que necesariamente deba cambiar la decisión de archivo.

Ya había dicho la Corte que, al indagar por la presunta lesión al patrimonio público, «su calificación depende de los elementos de juicio que el órgano de control tenga a su disposición, pudiendo cambiar si nuevas pruebas revelan realidades inicialmente no percibidas, en cuyo caso de la primera calificación, no podría derivarse un juicio de tolerancia acerca de la actuación ilegal». (Corte Constitucional. C-046 de 1994. M.P. Eduardo Cifuentes Muñoz).

De la lectura del texto legal y la interpretación que le ha dado la jurisprudencia, no se puede establecer si los elementos de juicio novedosos para innovar la reapertura del proceso, deben concebirse con posterioridad a la fecha del auto de archivo, o pueden provenir desde el momento mismo en que se ejecutó la conducta, por lo cual se debe entender que las nuevas pruebas pueden ser posteriores e inclusive antiguas tomando como referencia el auto que decreta el archivo, aún más, cuando se pudieron haber ocultado elementos probatorios tan importantes para la investigación, que de no permitirse que sean aportados, sería convalidar el actuar fraudulento de quienes ocultaron las pruebas.

Respecto del segundo postulado, dispone que la reapertura del proceso opera, cuando el resultado del juicio de valor que determinó el archivo del trámite se sustentó en pruebas que son contrarias a la realidad, o lo mismo, que son falsas, y es que la decisión que se concibió en una prueba falsa no puede ser convalidada por el derecho, por lo tanto el mismo ordenamiento jurídico dispone de ese mecanismo para corregirlo.

La jurisprudencia constitucional, con fundamento en el artículo segundo de la Carta, ha señalado que el ordenamiento jurídico no puede legitimar situaciones originadas en el engaño y mala fe, pues tal hecho se opone al valor fundamental de la justicia e impide el cumplimiento de uno de los fines esenciales del Estado, como es el de propugnar por la vigencia de un orden justo.

Por último, la Ley 610 dispone que la decisión de reapertura, bajo ninguna circunstancia procede una vez hayan operado los fenómenos de caducidad o prescripción, en los términos que la misma dispone.

11. Pérdida de competencia por mora

Bajo la vigencia de la Ley 610 de 2000, el artículo 45 de la misma, señalaba el término para proferir el auto de imputación el cual era de tres meses, prorrogables por dos más, mismo tiempo para adelantar cualquiera de las diligencias allí señaladas; sin embargo, como lo ha sostenido la jurisprudencia, el vencimiento de dicho término no constituye pérdida de competencia para continuar con el trámite del proceso, tampoco se encuentra dentro de las causales de nulidad del artículo 36 de la misma norma, ya que en ella no se consagra esta consecuencia en caso de inobservancia del plazo allí previsto.

Ahora, con la vigencia de la Ley 1474 de 2011, que concibe el auto de apertura e imputación en un mismo acto, este término no es aplicable al periodo de tiempo que existía entre estas 2 actuaciones, ya que al proferirse en un mismo momento no tendría sentido dicha consideración, eso sí, dicho periodo de tiempo se aplica para todas las diligencias del proceso de control fiscal, aunque, también se observa que se concede el término de hasta 1 año después de la audiencia de descargos, para practicar las pruebas que así lo ameriten, caso en el cual por sustracción de materia tampoco se tendría en cuenta el tiempo de los 3 meses.

Entonces, el Consejo de Estado (2019) se refiere a la pérdida de competencia, sólo en los casos que se agote el término de caducidad de la acción, o de prescripción de la responsabilidad fiscal, los cuales se estudiarán más adelante, y no será causal de pérdida competencia el simple retraso en las actuaciones procesales, ya que no existe tal consideración normativa, en el ordenamiento jurídico colombiano.

12. Vinculación de terceros

El artículo 44 de la Ley 610 de 2000, dispone la vinculación de un garante al trámite del proceso de responsabilidad fiscal, cuando el presunto infractor, el bien o el contrato sobre el cual recaen las actuaciones antieconómicas, estén amparadas por una póliza, según el régimen que la Ley 80 de 1993 establece frente a la constitución de garantías, el autor Juan Manuel Diaz (1995) las divide en 3 categorías, la de seriedad de la propuesta; la de cumplimiento; y la de responsabilidad civil, esta última, por la cual es llamada a responder la compañía de seguros.

En ese caso el tercero que se vincula al proceso lo hace en calidad de civilmente responsable, y aunque goce de los mismos derechos y facultades del implicado, este no responderá a título de autor, ya que no adelanta ninguna función fiscal, se notificará desde el mismo momento en que se notifique a los demás extremos procesales y podrá empezar a ejercer los derechos que considere necesarios invocar, puede entonces oponerse tanto a los argumentos del asegurado, como los del órgano de control.

El mismo hecho de que la aseguradora tenga las mismas prerrogativas de las partes, la legitima para acudir al aparato judicial y de considerarlo necesario controvertir, lo relacionado con el contrato de seguros, además de los temas propios de la responsabilidad fiscal.

Ha dicho la Corte Constitucional que la actividad contractual del Estado, es un instrumento establecido para coadyuvar al logro de los fines estatales, por lo tanto requieren un elemento de previsión y prevención, para lo cual se valen de la constitución de garantías que aseguren cada una de las etapas de la ejecución del contrato en los términos del Estatuto General de la Contratación y sus normas concordantes. Igualmente se pretende que la responsabilidad asumida por el garante se pueda reclamar sin mayores trámites o la necesidad de acudir a la jurisdicción, bastando sólo la comprobación del hecho y a quien se le atribuye la responsabilidad.

Concluye la Corte entonces que,

> El objeto de las garantías lo constituye entonces la protección del interés general, en la medida en que permiten resarcir el detrimento patrimonial que se ocasione al patrimonio público por el incumplimiento de las obligaciones adquiridas por el contratista, por la actuación del servidor público encargado de la gestión fiscal, por el deterioro o pérdida del bien

objeto de protección o por hechos que comprometan su responsabilidad patrimonial frente a terceros. (Corte Constitucional. C-648 de 2002. M.P. Jaime Córdoba Triviño).

De esta manera, cuando el legislador dispuso que la compañía de seguros se vincula al proceso de responsabilidad fiscal en calidad de tercero civilmente responsable, persigue la garantía del interés general y la consecución de los fines esenciales del Estado, por lo que el rol al que está llamado a cumplir el asegurador, es garantizar sin lugar a inequívocos y sin dilaciones injustificadas el pago pronto y efectivo de los perjuicios (debidamente cuantificados y valorados en dinero) ocasionados al patrimonio público, por las conducta dolosa o gravemente culposa del funcionario público o particular responsable de la gestión fiscal, con fundamento en el contrato de seguro.

El contrato de seguro, se caracteriza por ser consensual, bilateral, oneroso, aleatorio, de ejecución sucesiva y de carácter indemnizatorio, del cual surge la obligación para el asegurador de pagar oportunamente la indemnización cuando a ello haya lugar, se basa en el riesgo amparado, que finalmente define su vinculación al proceso, ya que mal haría la Ley llamar a una aseguradora sin que previamente se haya sometido al riesgo.

Esta vinculación responde al principio de economía procesal, para perseguir el pago de la indemnización, evitando un juicio adicional, luego de la culminación del proceso, con ello se logra, atender los principios que rigen la función administrativa y el resarcimiento oportuno del daño.

Frente al término en el cual debe responder el garante por el monto asegurado, no existe norma dentro de las disposiciones que consagran el proceso de responsabilidad fiscal; sin embargo, el Consejo de Estado, se ha valido de la remisión normativa expresa del artículo 44 de la Ley 610 de 2000, que enuncia que el asegurador participa en calidad de tercero civilmente responsable.

Por lo cual le son aplicables las disposiciones del contrato de seguro del Código de Comercio, en este caso el artículo 1081, que establece que la aseguradora deberá efectuar el pago dentro del mes siguiente a que se haga exigible el pago, esto es desde la firmeza del fallo con responsabilidad fiscal, so pena de incurrir en mora, de allí que la responsabilidad que se llegue a declarar es igualmente civil o contractual, y nunca fiscal. (Consejo de Estado. Radicado 25000-23-24-000-2004-00529-01. 18 de marzo de 2010. C.P. Rafael e. Ostau de lafont pianeta).

> Bajo este panorama, no cabe duda que la compañía de seguros en el marco del procedimiento de responsabilidad fiscal: i) está llamada como tercera civilmente responsable; ii) tiene las mismas prerrogativas que las partes; y iii) su responsabilidad se limita a los riesgos amparados en la póliza y en los montos ahí establecidos. (Consejo de Estado, Radicado 25000-23-24-000-2009-00287-02. 7 de junio de 2018. C.P. Alberto Yepes Barreiro).

13. Tránsito normativo

Con la promulgación de la Ley 1474 de 2011, se modificó el proceso de responsabilidad fiscal, imponiendo un trámite verbal, lo que trajo consigo algunos cambios, como el enunciado auto de apertura e imputación en un único acto, así como algunos términos, como el de la práctica de pruebas cuando no se puedan adelantar en la audiencia de descargos.

Sin embargo, en lo sustancial como el término de caducidad y prescripción permanecieron indemnes, por lo cual no se padeció de un tránsito normativo tan complejo, como sí ocurrió con la entonces reforma de la Ley 610 de 2000, que trajo consigo varias discusiones en sede judicial.

Como cualquier otro trámite legislativo procesal, la fecha de promulgación de la norma es de vital importancia para determinar la aplicación de la nueva norma, en este caso la Ley 1474 del 12 de julio de 2011, en su artículo 97, parágrafo primero, difirió el régimen de transición del proceso verbal en los siguientes términos:

1. El proceso será aplicable al nivel central de la Contraloría General de la República y a la Auditoría General de la República a partir de la entrada en vigencia de la presente ley.
2. A partir del 1° de enero de 2012 el proceso será aplicable a las Gerencias Departamentales de la Contraloría General y a las Contralorías Territoriales.

Para aplicar las anteriores disposiciones, se tomará en cuenta que en los procesos que haya sido proferido el auto de apertura antes del 12 de julio de 2011 en la Contraloría y la Auditoría General, se les seguirá aplicando lo contemplado en la Ley 610 de 2000.

Para los procesos de responsabilidad fiscal adelantados por las Gerencias Departamentales de la Contraloría, en los cuales se haya decretado el auto de apertura antes del 1 de enero de 2012, igualmente se ceñirán a los dispuesto por la Ley 610.

Mientras que en los trámites administrativos de responsabilidad fiscal, que se encontraban en indagaciones preliminares en cualquiera de las 2 fechas antes mencionadas, les aplica el vigente régimen, este es el mismo criterio que el Consejo de Estado, (2019) aplicó para el tránsito normativo entre la Ley 610 y la Ley 1474.

Aunque en otro criterio, de los diferentes tránsitos normativos de otros estatutos procesales, se ha tomado como referencia la fecha de la comisión de la conducta, ya que con ello se garantiza el sometimiento al régimen que se encontraba vigente al momento de desplegar el comportamiento, mas no del régimen nuevo aun cuando ya se había actuado con cierto proceder.

En lo que respecta a la condición más beneficiosa, igualmente el Consejo de Estado (2019), se ha referido en el sentido de que en los procesos que se adelanten bajo la égida de la Ley 610, se le aplicarán las garantías o presupuestos que sean más convenientes para las partes, de la Ley 1747 de 2011, según los criterios legales y jurisprudenciales.

14. Medidas cautelares

La Corte Constitucional (1997) sostiene que en el ordenamiento jurídico colombiano, las medidas cautelares se instituyeron como un instrumento jurídico que tiene como objetivo garantizar el ejercicio de un derecho objetivo, legal o convencionalmente reconocido, con ello impedir que se modifique una situación de hecho o de derecho, para asegurar los resultados de una decisión judicial o administrativa incierta pero futura, de lo contrario los accionantes quedarían desprotegidos ante la no improbable actividad o conducta maliciosa de quien es perseguido en derecho.

Las medidas cautelares, están igualmente regladas pero tampoco generar un perjuicio en contra de quien son impuestas, y por lo tanto no tienen ningún sentido o alcance sancionatorio, porque aun cuando eventualmente pueden afectar los intereses de los sujetos contra quienes se promueven, su objetivo es la de garantizar un derecho actual o futuro, y no la de imponer un castigo, para ello los límites que se han establecido para su ejercicio, también buscan impedir un perjuicio de quien la padece, y el abuso del que la persigue.

En el trámite del proceso de responsabilidad fiscal, durante el periodo que transcurre entre la investigación fiscal, la apertura del juicio fiscal y su posterior conclusión, corre un espacio de tiempo durante el cual el presunto infractor, por la gestión fiscal irregular, con miras a anular o impedir los efectos del fallo de responsabilidad fiscal, puede variar la titularidad jurídica de sus bienes y caer maliciosamente en estado de insolvencia, para ello el artículo 12 de la Ley 610 de 2000, modificado por el artículo 120 del Decreto 403 de 2020, prevé la posibilidad de decretar medidas cautelares.

De lo contrario el fallo con responsabilidad fiscal sería ilusorio, en caso de que no se promovieran las medidas necesarias para garantizar sus resultados, impidiendo la posible desaparición de los bienes del sujeto activo de la conducta.

Los fines superiores que persigue el juicio de responsabilidad fiscal, como el resarcimiento de los perjuicios en contra de los recursos públicos, que pretende garantizar preservación del erario y la necesidad de asegurar el principio de moralidad en la gestión pública, justifican no solamente la oportunidad de ejercer el control fiscal y adelantar los procesos de responsabilidad fiscal, también son argumentos que sustentan la constitucionalidad de las medidas cautelares que habla la norma.

Las medidas cautelares dentro del proceso de responsabilidad fiscal se justifican en virtud de la finalidad perseguida por dicho proceso, esto es, la preservación del patrimonio público mediante el resarcimiento de los perjuicios derivados del ejercicio irregular de la gestión fiscal. (Corte Constitucional. C-977 de 2002. M.P. Manuel José Cepeda Espinosa).

Pretender que éstas sean impuestas solo hasta el momento en que se tenga certeza de la responsabilidad del procesado (fallo con responsabilidad fiscal) no tiene ningún sentido, con ello las medidas cautelares pierden su carácter preventivo, teniendo en cuenta que ellas precisamente buscan garantizar el resarcimiento de los fondos del Estado.

Con la reforma del Decreto 403 de 2020, se incluyó un segundo parágrafo en el artículo que contempla las medidas cautelares, para limitar el monto por el cual se puede solicitar la medida, pero además estableció la posibilidad de aumentar la misma más allá del valor del posible detrimento.

De la lectura detenida de la norma es evidente la contradicción del parágrafo segundo, del artículo 12, de la Ley 610 de 2000, toda vez que este establece que la medida cautelar solo podrá ser decretada hasta el valor que sea suficiente para cubrir el posible daño fiscal, es decir, no se puede aumentar más, pero inmediatamente establece que este monto podrá ser superior cuando sean sumas líquidas de dinero o cualquier otro bien, es decir en todas las ocasiones.

De ello se puede concluir que, aumentar el monto del valor de la medida cautelar, en un porcentaje, más allá del valor real del posible daño, como lo establece el nuevo parágrafo, no solo es contrario a la misma norma, también es una medida desproporcionada en contra de quien recae, por lo que tal precepto debería desaparecer del ordenamiento jurídico.

Finalmente se aclara que las medidas cautelares se pueden decretar en cualquier etapa del proceso, desde el auto de apertura e imputación, hasta que se profiera el fallo, además, en aquellos casos donde se hubiere decretado y se hubiera determinado la responsabilidad fiscal, la medida se extenderá hasta el proceso de cobro coactivo. Igualmente podrá ser levantada la medida en cualquier momento siempre que el sujeto sobre quien recae, constituya una garantía real, bancaria o expedida por una compañía de seguros, por un valor igual al del presunto detrimento, dicho levantamiento deberá ser aprobado por quien la decretó.

15. Decisiones

El juicio fiscal busca determinar la responsabilidad fiscal quienes adelantando la gestión de los bienes y recursos del estado, con su conducta lesionen el erario, con el objetivo de buscar la reparación al Estado por el deterioro patrimonial que dicha gestión haya ocasionado, en ese sentido el fallo es de naturaleza administrativa y se le denomina fallo con o sin responsabilidad fiscal, ya que una vez se surta todo el trámite procesal no se podrá hablar del archivo del mismo, toda vez que se dieron los presupuestos procesales para presentar una decisión de fondo.

Las decisiones que se adopten como resultado del proceso fiscal, son un verdadero acto administrativo, por lo tanto pueden ser recurridas en sede administrativa o judicial, lo importante de ello es que no se le puede reconocer al fallo un carácter judicial, toda vez que es promocionado por un funcionario público que no está revestido de dichas facultades, pero además dicho fallo no goza del efecto de cosa juzgada, pues «no sólo es revocable y modificable por la propia administración (...) sino que, además, puede ser revisado por las autoridades judiciales, en virtud del principio de legalidad. Por el contrario, el acto jurisdiccional, una vez ejecutoriado, es definitivo, pues tiene la virtud de la cosa juzgada». (Corte Constitucional. C-189 de 1998. M.P. Alejandro Martínez Caballero).

Cada uno de los actos donde se consagre una decisión del órgano debe estar debidamente motivado, de lo contrario tal como lo afirma Jaime Orlando Santofimio Gamboa (2003), los actos que no estén debidamente motivados, adolecen de un vicio formal, que en el ámbito adjetivo del proceso fiscal, por su especial relevancia, la falta de motivación se eleva a la vulneración misma del debido proceso.

16. Recursos

Los recursos, son instrumentos jurídicos que permiten cuestionar las decisiones administrativas o judiciales, con arreglo a las garantías constitucionales, con ellos se busca modificar, aclarar o revocar una sentencia o un acto administrativo, para ello los estatutos adjetivos regulan la oportunidad para presentarlos, además de la carga argumentativa que debe cumplir quien los invoca.

El artículo 102 de la Ley 1474 de 2011, estipula que proceden los recursos de reposición y apelación en contra de las providencias que se profieran en el trámite del proceso de responsabilidad fiscal bajo las siguientes condiciones:

- El recurso de reposición procede contra el rechazo a la petición de negar la acumulación de actuaciones.
- El recurso de reposición en subsidio el recurso de apelación, procede contra la decisión que resuelve las solicitudes de nulidad, la que deniegue la práctica de pruebas y contra el auto que decrete medidas cautelares, en este último caso el recurso se otorgará en el efecto devolutivo.
- Contra el fallo con responsabilidad fiscal proferido en audiencia proceden los recursos de reposición o apelación dependiendo de la cuantía determinada en el auto de apertura e imputación. (Diario oficial Año CXLVII. No. 48128. 12 de julio 2011. Pág. 1)

Los autos que se notifican en estrados (característica especial del proceso verbal), deben ser interpuestos inmediatamente después de que haya sido tomada la decisión y ser sustentados oralmente en la misma audiencia, o por escrito dentro de los 10 días siguientes a su notificación, en todo caso será resueltos dentro de los 2 meses siguientes de que sea sustentado el recurso.

Contra el fallo de única instancia sólo procede el recurso de reposición, mientras que en los de doble instancia procederá el recurso de reposición y el de apelación.

17. Consulta

El grado de consulta en el proceso de responsabilidad fiscal, se encuentra previsto en el artículo 18 de la Ley 610 de 2000, es un instrumento jurídico que se funda en la defensa del interés público, del ordenamiento jurídico y de los derechos y garantías fundamentales, este procede exclusivamente bajo las siguientes condiciones:

i) se dicte auto de archivo.

ii) cuando el fallo sea de responsabilidad fiscal.

iii) cuando el fallo sea con responsabilidad fiscal, pero el responsabilizado haya sido representado por apoderado de oficio. (Diario Oficial Año CXXXVI. N0. 44133. 18 de agosto 2000. Pág. 1)

Este, debe ser resuelto por el superior jerárquico del funcionario que expidió el acto administrativo motivo de la consulta, este deberá revisar integralmente la actuación, para modificarla, confirmarla o revocarla, dentro de los 2 meses siguientes a su recibo, so pena de quedar en firme la decisión consultada, dicho término fue incrementado con el Decreto 403 de 2020, ya que el término anterior era de apenas 1 mes.

De lo anterior se deduce «que el grado de consulta permite examinar integralmente y sin limitación alguna el asunto, en la medida que su finalidad es la defensa del interés público» (Consejo de Estado, Radicado 85001-23-33-000-2017-00129-01. 3 de octubre de 2019. C.P. Hernando Sánchez Sánchez), por lo tanto, el funcionario podrá revisar los fundamentos de hecho y de derecho, que al ser una consulta de oficio y no un recurso, este podrá obviar el principio de *no reformatio in peius*, sin que ello signifique vulneración a las garantías procedimentales.

Por su parte la Corte Constitucional (1998) distinguió el recurso de apelación y el grado de consulta, en tanto el segundo no es considerado un recurso, por eso, la competencia del juez de segundo grado no depende de lo que soliciten los extremos procesales, por lo cual es ampliamente libre para modificar o revocar la decisión.

El límite que se establece jurisprudencialmente para la discrecionalidad del funcionario de segundo grado es el interés que se busca tutelar, es decir, no podrá actuar en contra del patrimonio público, a menos que las garantías del sancionado así lo ameriten.

Finalmente, el Consejo de Estado (2019) afirma que conforme a la Ley 610 de 2000 no existe una prohibición expresa que impida resolver en un mismo acto administrativo el grado de consulta y el recurso de apelación, ya que estos no son excluyentes entre ellos mismos, toda vez que se persiguen fines diferentes; con el recurso de apelación, se solicitan sean resueltas las inconformidades propuestas por el recurrente, mientras que, con en el grado de consulta, se busca la defensa del interés público, del ordenamiento jurídico y de los derechos y garantías fundamentales.

18. Ejecutoria y firmeza del acto declaratorio

En materia de responsabilidad fiscal, explica el Consejo de Estado (2016) que el artículo 56 de la Ley 610 de 2000, contempla que las providencias cobran ejecutoria en los siguientes eventos:

1. Cuando contra ellas no proceda ningún recurso.
2. Cinco (5) días hábiles después de la última notificación, cuando no se interpongan recursos o se renuncie expresamente a ellos.
3. Cuando los recursos interpuestos se hayan decidido. (Diario Oficial Año CXXXVI. N0. 44133. 18 de agosto 2000. Pág. 1)

Igualmente, ha dicho el Consejo de Estado (2014) que incluso, una vez se hayan resuelto los recursos o se haya decidido la consulta, las providencias aún no se encuentran en firme, ya que las normas vigentes contemplan que, una vez surtidos estos trámites, es posible demandar ese acto administrativo, ante la Jurisdicción Contencioso Administrativa, a través el medio de control de nulidad o de nulidad y restablecimiento del derecho.

19. Lucro cesante

El Consejo de Estado ha señalado que el lucro cesante hace «referencia a la ganancia que deja de percibirse, o la expectativa cierta económica de beneficio o provecho que no se realizó como consecuencia del daño» (Consejo de Estado. Radicado 1726-08. 21 de abril de 2016. CP. William Hernández Gómez).

En cuanto a la responsabilidad fiscal, según lo afirma Pablo César Díaz Barrera (2013), cuando se refiere al lucro cesante, este corresponde a los recursos que dejan de ser percibidos por la conducta antieconómica del gestor fiscal, este se calcula teniendo en cuenta una expectativa futura de ingresos o rentas que una obra, bien o servicio, dejaría al Estado, si se hubiere actuado conforme a la consecución de los fines del Estado.

Ya que el daño patrimonial al Estado en la responsabilidad fiscal es justamente un daño material cuantificable en dinero, se puede igualmente solicitar el pago tanto del daño emergente, como al lucro cesante, este último presenta cierta dificultad para su determinación puesto que, este deber ser determinado, verificado y probado, para establecer con certeza el valor del daño, y el lucro cesante al ser una expectativa futura, se deberá ejercer en una prueba aún más fuerte, y así perseguir el fin del proceso que es recuperar el patrimonio del Estado, pero igualmente garantizando las garantías del infractor.

La Contraloría General de la República (2013), ha dicho que en las ocasiones que el daño recaiga sobre bienes o cosas, el lucro cesante se consolida en la falta de servicio o de la productividad que se esperaba que produjera, así mismo, en el caso que el daño se materialice sobre bienes productivos que desaparecen, o cuando se trate de dinero, se consolida el lucro cesante en la falta o reducción de la productividad, que de no ser posible ser acreditada, se considera que el interés comercial es la compensación de lo que ha dejado de ingresar al patrimonio del Estado.

Cabe mencionar como antecedente, que con anterioridad a la promulgación de la Ley 610 del 2000, el Consejo de Estado en múltiples pronunciamientos se había referido que a las Contralorías solo les competía determinar el daño emergente, mientras que el lucro cesante debía ser solicitado ante la Jurisdicción Contencioso Administrativa, panorama que cambió con la vigencia de la Ley 610 de 2000.

En el mismo sentido, la Corte Constitucional (2001) estableció que la obligación de responsable fiscalmente es reparar integralmente los perjuicios que se hayan causado al patrimonio público, y ello solo se logra incorporando el daño emergente, el lucro cesante y la indexación, sin que sea necesario que el lucro cesante deba ser declarado por una autoridad judicial.

20. Efectos del Fenecimiento en el Proceso de Responsabilidad Fiscal

El fenecimiento es un acto administrativo que aprueba el informe de cuentas fiscales, que es rendido por el gestor fiscal, en un periodo de tiempo determinado, este se debe soportar con documentos que sustenten legal, técnica, financiera y contablemente las operaciones del cuentadante.

Este por su naturaleza administrativa y por la importancia del mismo para la perseveración del orden fiscal, adolece de la denominada «cosa decidida administrativa», y por ende, pese a que en su momento haya sido convalidado por el funcionario competente, podrá ser levantado siempre que se busque la salvaguarda del patrimonio y los bienes públicos, sin que se pueda alegar la falta de seguridad jurídica o una expectativa legítima.

Igualmente, el artículo 81 del Decreto 403 de 2020, sobre las conductas sancionables en el proceso administrativo sancionatorio fiscal, establece en su literal (o), que será punible el no fenecimiento de las cuentas, la falta del concepto, o la calificación desfavorable, en los procedimientos equivalentes para aquellas entidades no obligadas a rendir cuenta durante 2 períodos fiscales consecutivos, siempre que se trate de un mismo representante legal que haya actuado con dolo o culpa grave.

21. Caducidad

Fernando Hinestrosa (2006) citando la Teoría General de Derecho de Carnelutti define el fenómeno de la caducidad bajo los siguientes términos, que hoy en día siguen vigentes:

> La caducidad se refiere a la eficacia del tiempo como distancia, en cuanto expresa la extinción de una relación jurídica (activa, poder) por no llegarse a realizar un acto dentro de un término. La distinción entre eficacia del tiempo como distancia o como duración sirve para aclarar la diferencia entre estos conceptos y los conceptos contiguos, como la prescripción (Pág. 229).

Por su parte, la Corte Constitucional frente a la caducidad, ha dicho que está es:

> Una institución jurídico procesal a través del cual, el legislador, en uso de su potestad de configuración normativa, limita en el tiempo el derecho que tiene toda persona de acceder a la jurisdicción con el fin de obtener pronta y cumplida justicia. Su fundamento se halla en la necesidad por parte del conglomerado social de obtener seguridad jurídica, para evitar la paralización del tráfico jurídico. En esta medida, la caducidad no concede derechos subjetivos, sino que por el contrario apunta a la protección de un interés general. La caducidad impide el ejercicio de la acción, por lo cual, cuando se ha configurado no puede iniciarse válidamente el proceso. (C-832 de 2001. M.P. Rodrigo Escobar Gil).

La caducidad es entonces un fenómeno de orden público, que por el paso del tiempo que determine el legislador, extingue la acción correspondiente y por consiguiente impide activar el aparato judicial, o en el caso de la responsabilidad fiscal, impide que el órgano de control inicie la acción fiscal correspondiente.

La previsión de un término de caducidad cumple el propósito de permitir que los órganos de control fiscal cuenten con tiempo suficiente para adelantar las actuaciones que les corresponden, teniendo en cuenta que antes de la formulación del auto de apertura e imputación, existe una serie de etapas previas e indagaciones preliminares, que buscan establecer con precisión los elementos necesarios a la apertura del proceso de responsabilidad fiscal, teniendo en cuenta que estos trámites no hacen parte del proceso y por lo cual no interrumpen el conteo del tiempo de caducidad.

Pretende también, garantizar el actuar diligente de los órganos de control fiscal y las garantías del presunto infractor, ya que no se puede mantener en el tiempo una situación jurídica indefinida, sin límite temporal alguno para que inicie el proceso fiscal, de lo contrario, el sistema jurídico se vería abocado a una incertidumbre del quehacer estatal, que entorpecería el desarrollo de las funciones públicas y sería extremadamente intromisión de los derechos del investigado.

El legislador dispuso un término de caducidad de la acción fiscal, de 10 años como consta en el artículo 9 de la Ley 610 de 2000, modificado por el artículo 127 del Decreto 403 de 2020, este último aumentó el tiempo para que operara el fenómeno de caducidad en 5 años más, ya que antes de la reforma, este era la mitad de tiempo del que hoy se establece; igualmente señala que, con el auto de apertura e imputación, el conteo del término se interrumpe.

Antes de la reforma, la Corte Constitucional (2013) consideró que la imposición de un término de caducidad, obedecía a los criterios jurisprudenciales que la misma Corporación había señalado, y en ese sentido garantiza la seguridad jurídica y el ejercicio razonable de las facultades correspondientes a las contralorías. Entonces, al existir un término establecido por la norma que regula el proceso fiscal, no se puede acudir al tiempo establecido en el CPACA, toda vez que por sustracción de materia, esto compete a la Ley 610 2000.

En la actualidad con la reforma del año 2020, que establece un término de 10 años de caducidad, se puede considerar que es un lapso que pareciera ser excesivo e injustificado, que duplica el tiempo antes establecido, en claro detrimento de las garantías de los sujetos investigados, que no deberían ser sometidos a una incertidumbre jurídica tan extensa, con fundamento en otorgar a los órganos de control un término más amplio de investigación, lo que va en contra misma del criterio jurisprudencial de la eficiencia de la administración.

Presenta el Consejo de Estado las siguientes consideraciones:

> (i) la acción fiscal caduca si transcurridos **diez** años, desde la ocurrencia del hecho generador del daño al patrimonio público, no se ha proferido auto de apertura del proceso de responsabilidad fiscal; (ii) el citado término se empieza a contar a) para los hechos o actos instantáneos desde el día de su realización; mientras que, b) para los hechos o actos complejos, de tracto sucesivo, de carácter permanente o continuado, desde el último hecho o acto. (Radicado 25000-23-24-000-2012-00195-01. 9 de agosto de 2018. CP. Carlos Enrique Moreno Rubio) Negrilla del autor.

22. Prescripción

Para Fernando Hinestrosa (2006), la prescripción nace de la necesidad de asegurar el ordenamiento jurídico, con el «apremio de definir las situaciones pendientes a la mayor brevedad posible», o lo mismo, impedir que algunas situaciones jurídicas permanezcan indefinidamente en el tiempo, pero con ello «no se trata apenas de privar el derecho de tutela» más bien, «más que de la afectación del derecho, de su extinción misma». (Págs. 57 y 64).

En términos generales, el ordenamiento jurídico colombiano contempla desde la perspectiva del artículo 2512 del Código Civil, que la prescripción tiene una doble connotación, la primera, de la posibilidad de adquirir bienes ajenos (prescripción adquisitiva); y la segunda, de extinguir acciones o derechos (prescripción extintiva).

Por su parte la Corte Constitucional ha manifestado que en el ordenamiento jurídico colombiano la prescripción extintiva:

Una institución jurídica que corresponde a la prescripción extintiva o liberatoria, que es un modo de extinguir derechos u obligaciones, como resultado de su no reclamación, alegación o defensa durante el tiempo determinado por la ley, por cualquier razón subjetiva que motive la inacción de su titular, dejando salvas las suspensiones determinadas por la ley en favor de ciertas personas. (C-091 de 2018. M.P. Alejandro Linares Cantillo)

Con lo anterior, el Consejo de Estado (2019) resuelve que la caducidad y la prescripción son instituciones jurídico-procesales diferentes. La primera, se refiere al término máximo para que los órganos de control inicien el proceso de responsabilidad fiscal; la segunda, en materia de responsabilidad fiscal limita el tiempo límite con el que cuentan las contralorías para proferir un fallo con o sin responsabilidad fiscal.

Estos términos establecidos en el artículo 9 de la Ley 610 de 2000, son exclusivos del proceso de responsabilidad fiscal, y su vencimiento no impide que cuando los hechos reprochados en materia fiscal, también implique la comisión de un delito punible penalmente, se pueda obtener la reparación integral del detrimento que haya sufrido la administración, valiéndose del incidente de reparación integral en el proceso penal, que podrá ser ejercida por la contraloría correspondiente, sin exclusión de la entidad pública directamente afectada.

El mencionado artículo estipula que el término de prescripción es de 5 años, contados a partir del auto de apertura e imputación, por lo cual, una vez transcurrido ese tiempo, el funcionario no podrá proferir una decisión final, sin que por ello caduque la acción fiscal.

Conforme a lo expuesto para establecer si se materializó o no el fenómeno de la prescripción es necesario el Consejo de Estado ha recalcado los siguientes parámetros:

i) identificar la fecha del auto de apertura del procedimiento de responsabilidad fiscal -extremo inicial-; ii) establecer la fecha en la que la providencia que la declara quedó en firme -extremo final- y iii) cerciorarse que entre uno y otro no haya transcurrido un tiempo mayor a 5 años. (Radicado 25000-23-24-000-2003-00462-01. 15 de febrero de 2018. C.P. Alberto Yepes Barreiro).

El artículo 105 de la Ley 1474 de 2011, remite a la Ley 610 del 2000, en lo contemplado por ella, a su vez esta última en su artículo 66 establece que, en lo no previsto por dicha Ley se aplicarán en su orden las disposiciones del Código del Procedimiento Administrativo y de lo Contencioso Administrativo, seguido por el Código General del Proceso y finalmente el Código de Procedimiento Penal, siempre y cuando sean compatibles con el proceso de responsabilidad fiscal.

Lo anterior es importante, ya que el Consejo de Estado (2019), considera que las leyes adjetivas del proceso fiscal, sólo establecen los términos de prescripción de la responsabilidad fiscal y el de caducidad de la acción, además de las causales en los que procede la suspensión de dicho término, pero no reguló la forma y las condiciones en que se deben contabilizar en términos de días, meses o años. Por lo tanto el Alto Tribunal considera que es procedente la remisión al Código General del Proceso.

El artículo 118 del Código General del Proceso, que se refiere al cómputo de términos, en el párrafo 7 señala que cuando el tiempo sea en meses o años, este se extenderá hasta el mismo día del próximo mes o año que haya transcurrido según cada disposición, en los casos de que no exista dicha fecha esta se correrá hasta el próximo día hábil, misma suerte corre el término cuando su vencimiento ocurre en un día no hábil. Para el término de días, estos correrán en los determinados como hábiles y no serán tenidos en cuenta las vacancias judiciales, o en el caso de la administración, los días en que se reglamente un día no laboral.

Asimismo, el Consejo de Estado considera que para determinar la prescripción del proceso de responsabilidad fiscal se debe seguir lo reglado por el C.G.P., acerca del cómputo de los años, en ella no se excluyen los días de interrupción por vacancia en el trámite de los procesos de responsabilidad fiscal, ya que en la Ley no se dispone la suspensión de los términos para dichas fechas, a menos que, según los criterios jurisprudenciales, el término se venza en uno de esos días, caso en el cual se extenderá hasta siguiente día hábil.

Por último, la Corte Constitucional mediante providencia SU-498 de 2016, resolvió que para los eventos que afecten la prestación continua del servicio y de ellos se difieran efectos en derecho, se debe aplicar la doctrina del caso fortuito y la fuerza mayor, definidos en el artículo 1 de la Ley 95 de 2 de diciembre de 1890, que para los casos en que se deriven consecuencias negativas que impidan material o físicamente el cumplimiento de las cargas procesales, se deberá entender que las situaciones de facto pueden excepcionalmente modificar el derecho en situaciones muy concretas, atendiendo igualmente a los criterios jurisprudenciales de la Altas Cortes.

IV.

CONSECUENCIAS DEL FALLO DE RESPONSABILIDAD FISCAL

1. Boletín de Responsables Fiscales

Como consecuencia de la declaratoria del fallo con responsabilidad fiscal, se conciben ciertas consecuencias para quien realizó la conducta antieconómica en contra del patrimonio público, una de ellas es la inclusión en el denominado «boletín de responsables fiscales», según lo dispuesto en el artículo 60 de la Ley 610 de 2000.

La Corte Constitucional (2007) señala que las Contralorías están plenamente autorizadas para incluir a los declarados fiscalmente responsables, en el mencionado boletín, este es un mecanismo que se ajusta al principio de publicidad con la plena identificación de quienes, con su conducta dolosa o gravemente culposa, en el ejercicio de la gestión fiscal, se comprobó que lesionaron los fondos públicos. Dicha inclusión se extenderá hasta que se cumpla con el pago indemnizatorio del patrimonio afectado del Estado, para dicho fin, las Contralorías igualmente con el proceso de jurisdicción coactiva.

El boletín, tiene una especial relevancia, ya que con él, las entidades estatales que pretendan contratar a un particular o vincular a un nuevo servidor público, podrán acceder a través de las tecnologías de la información y las comunicaciones, de forma inmediata a tal mecanismo y así poder tomar decisiones inmediatas para que no nazca una relación contraria a derecho.

Dicho registro es un listado centralizado en la Contraloría General de la República, quien trimestralmente publicará los nombres de las personas naturales o jurídicas a quienes se les haya dictado fallo con responsabilidad fiscal y esté debidamente notificado y ejecutoriado y que a la fecha de su publicación no se haya reportado el pago de la debida indemnización.

2. Patrimoniales

Según los dispone el numeral 5° del artículo 268 Superior, los contralores tienen la facultad de imponer las sanciones pecuniarias como resultado del fallo con responsabilidad fiscal. En ese sentido, la Corte Constitucional (2001) aclara que dicha facultad obedece a la misma finalidad del proceso fiscal, que no es más que el resarcimiento de perjuicios (daño emergente y lucro cesante) ocasionado como consecuencia de gestión fiscal irregular de un funcionario público o de un particular.

Es claro que los contralores, con miras a restablecer el patrimonio público, como la esencia de la responsabilidad y el control fiscal, puede imponer sanciones económicas, pero solo que estén tendientes a reparar el daño y sus efectos, para restablecer las cosas a su estado original, por lo tanto los órganos de control adolecen de facultades para imponer otras sanciones como multas o apremios, ya que ellas no responden al fin del proceso de responsabilidad fiscal, por ello la Corte Constitucional ha dicho lo siguiente:

> (..) es más problemático sostener que también puede imponer otro tipo de sanciones, pues, como se señaló en el fundamento jurídico 4° de esta sentencia, el Legislador puede atribuirle a los contralores otras funciones, siempre y cuando estas sean acordes con su naturaleza jurídica. (C-840 de 2001. M.P. Jaime Araujo Rentería).

Con el régimen de responsabilidad anterior a la Ley 610 de 2000, se contemplaba la posibilidad de que el órgano de control, como consecuencia del fallo con responsabilidad fiscal, impusiera, además de la indemnización, multas en contra del infractor, ahora con las normas que se encuentran vigentes y respondiendo a los criterios jurisprudenciales, las multas no tienen nada que ver con la naturaleza del proceso fiscal y, por ende, no podrán ser interpuestas como consecuencia de este, sin que ello obste para que el Contralor pueda interponerse directamente, pero a través de otros mecanismos, o procedimientos, como el administrativo sancionatorio.

El Estado como extremo pasivo de la responsabilidad fiscal, es quien recibe a título de indemnización, la reparación económica del servidor público o particular, que haya lesionado el patrimonio público, por lo tanto el primero no podrá acudir a la jurisdicción contencioso administrativa, para invocar el medio de control de repetición en contra del funcionario declarado civilmente responsable, ya que no tuvo que entregar dinero de las arcas del Estado para su propia reparación, ello significaría un enriquecimiento sin causa.

3. Inhabilidad para ejercer cargos públicos

Otra de las consecuencias del fallo de responsabilidad fiscal, es que de él se desprenda una de las denominadas inhabilidades sobrevivientes, la cual impide que, en los funcionarios declarados fiscalmente responsables, no puedan ejercer sus funciones, sin importar la naturaleza del cargo, aun cuando este fuere elegido por voto popular.

> La sanción disciplinaria que inhabilita en forma expresa es la que puede afectar el desempeño del cargo y tiene aplicación a los Congresistas, indicando que la forma de armonizar el carácter taxativo de las inhabilidades y la restricción al derecho político, es con aquellas que

generan inhabilidad de rango disciplinario, es decir, los casos en que el Constituyente o el legislador hayan expresamente limitado el derecho a ser elegido que por regla general, son las llamadas inhabilidades especiales o generales, para diferenciarla de la sanción simple que carece de efectos inhabilitantes. (Consejo de Estado. Radicado 11001-03-28-000-2018-00124-00. 8 de agosto de 2019. C.P. Lucy Jeannette Bermúdez Bermúdez).

El Alto Tribunal de lo Contencioso Administrativo entonces aclara que los funcionarios públicos elegidos por voto popular, como sujetos fiscalizables, pueden comparecer en el proceso de responsabilidad fiscal, y por lo tanto ser declarados fiscalmente responsables como gestores fiscales, por lo cual también pueden ser inhabilitados, según lo permita la taxatividad de la norma, aunque las más reciente sentencia de la Corte Interamericana de Derechos Humanos, Caso Petro vs Colombia, establece que los representantes del pueblo elegidos por voto, solo podrán perder su condición de servidores públicos por una sentencia judicial, mas no por una resolución administrativa, por ahora, las normas siguen vigentes y se aplican con arreglo a lo que aquí se expondrá.

El numeral 4° del artículo 38 de la Ley 732 de 2002 (Código Disciplinario Único), establece que con el fallo de responsabilidad fiscal debidamente ejecutoriado (en los términos del artículo 56 de la Ley 610 de 2000), sobre el funcionario público quien recaiga, acaecerá la inhabilidad de mantenerse en el cargo.

Sobre los tipos de inhabilidades que son consecuencia del fallo con responsabilidad fiscal, el Consejo de Estado ha identificado las siguientes características:

> la inhabilidad será «tradicional o previa», si el fallo de responsabilidad fiscal tiene lugar antes del acceso al cargo y, «sobreviniente», cuando aquel se dicta estando en ejercicio del mismo: recuérdese que lo que se prohíbe es el «desempeño» del cargo público, aspecto que cobija su acceso y el mantenerse en él, según el escenario que corresponda. (Sección Quinta. 30 de agosto de 2017. Radicado 13001-23-33-000-2017-00606-01 C.P. Alberto Yepes Barreiro).

El parágrafo primero de la norma en comento, señala que, por el fallo de responsabilidad fiscal, se incurrirá en una inhabilidad por el término de 5 años, contados a partir de la ejecutoria de la providencia, pero esta podrá mermar antes de dicho tiempo cuando se acredite el pago de la indemnización, o cuando sea retirado del boletín de responsables fiscales. Una vez superados los 5 años, si el responsable no hubiere presentado el pago, ni haya sido excluido del boletín, se extenderá la inhabilidad bajo las reglas establecidas por en el mismo parágrafo.

Continuará siendo inhábil:

1. Por cinco años si la cuantía, al momento de la declaración de responsabilidad fiscal fuere superior a 100 salarios mínimos legales mensuales vigentes;

2. Por dos años si la cuantía fuere superior a 50 sin exceder de 100 salarios mínimos legales mensuales vigentes;

3. Por un año si la cuantía fuere superior a 10 salarios mínimos legales mensuales vigentes sin exceder de 50, y

4. Por tres meses si la cuantía fuere igual o inferior a 10 salarios mínimos legales mensuales vigentes.

De la simple redacción del artículo, no es claro si la inhabilidad da lugar a una falta absoluta o temporal, dicha duda fue resuelta por el Consejo de Estado (2012), quien concluyó que la inhabilidad que se desprende para los funcionarios públicos que se encuentran en posesión de su cargo, se aplica en la modalidad de sobreviniente, entonces para ellos se deriva una falta absoluta, que impone la separación del cargo de manera inmediata y definitiva, por lo cual no podrán retomar su cargo aun cuando paguen la totalidad de la indemnización.

El fallo de responsabilidad fiscal, que presupone la existencia de dolo o culpa grave, genera una falta absoluta e inmediata, circunstancia que a su vez deriva no solo en la separación del cargo, sino en la necesidad de acudir a las reglas que el ordenamiento jurídico previó para la provisión de la vacante generada. (Consejo de Estado, Sección Quinta, fallo de 30 de agosto de 2017, Rad. 13001-23-33-000-2017-00606-01, M.P. Alberto Yepes Barreiro).

Sobre la extensión de la inhabilidad por el no pago, o por permanecer en el boletín de responsables fiscales, se debe tener en cuenta que para la cuantificación en salarios mínimos de la indemnización, como criterio determinante para extender el tiempo de inhabilidad, la fecha relevante es la del mismo momento de la declaración de responsabilidad fiscal, mas no la del momento en que se amplié el plazo de la inhabilidad, así lo aclaró la Sección Quinta del Consejo de Estado, mediante providencia del 19 de octubre de 2017.

Nótese que el plazo de la inhabilidad por responsabilidad fiscal es el de cinco (5) años a partir del día siguiente a la ejecutoria del fallo, que, como se ha dicho puede interrumpirse antes del tiempo señalado, o por el contrario extenderse según los criterios jurídicos antes señalados, por lo que se encuentran 3 formas en que cesará la inhabilidad.

Una primera forma temporal, que se da con el simple paso del tiempo, a disposición del legislador en garantía de los derechos fundamentales; la segunda, por el pago total de la sanción junto con sus intereses e indexación y las demás formas de reparación económica dispuestas por el fallo, conforme a la naturaleza del proceso fiscal; y la tercera, como lo ha dicho el Consejo de Estado

(2019) por exclusión, cuando no procede el pago o cuando la Contraloría General excluya a la persona del Boletín de Responsables Fiscales.

Las anteriores son formas de interrumpir y cesar la inhabilidad, ya que su nacimiento está supeditado a la ejecutoria del fallo con responsabilidad fiscal.

4. Vinculación a la Administración Pública

La voluntad del legislador de contemplar causal de inhabilidad sobreviniente en fallo con responsabilidad fiscal, en contra de los funcionarios que se encuentran vinculados a la función pública, necesariamente conllevan a la de remoción del cargo de los agentes del Estado que adelantan la gestión fiscal, o en el caso de quienes aspiran a unirse mediante una relación laboral al Estado, no lo podrán hacer siempre que perdure la inhabilidad.

Es claro que dicha sanción es de naturaleza disciplinaria y no tienen un contenido patrimonial propio de la responsabilidad fiscal, pero no por ello se puede considerar que es el Contralor quien impone las inhabilidades dentro del fallo con responsabilidad fiscal, ya que estas sanciones rigen por ministro de la Ley, y por la mera existencia del acto administrativo que declara la responsabilidad fiscal. Mal haría entonces el fiscalmente responsable creer que el Contralor se extralimitó en sus funciones naturales al control fiscal.

Una conducta reprochable fiscalmente puede originar al mismo tiempo responsabilidad disciplinaria y penal, con lo que pueden concurrir en un mismo momento los procesos penales, fiscales y disciplinarios, sin que ello sea doble juzgamiento, en ese sentido, durante el curso del último, podrá suspenderse y separar del cargo provisional o definitivamente al funcionario que adelanta la gestión fiscal, aun cuando se encuentre en curso el proceso del que habla la Ley 1474 de 2011, pero no por ello, se podrá considerar que los funcionarios de los órganos de control excedan sus facultades, ya que solo concurren los hechos en el mismo tiempo, pero no en los mismos procedimientos.

5. Caducidad del contrato estatal e inhabilidad para contratar con el Estado

Además de la inhabilidad para desempeñar cargos públicos por la declaratoria de la responsabilidad fiscal, contenida en el numeral 4, del artículo 38, de la Ley 734 de 2002, se le suma que el parágrafo primero de la misma norma, señala que el fallo también dará cabida a la inhabilidad de contratar con el Estado, durante los 5 años siguientes a la firmeza del acto, o antes cuando se acredite el pago o se excluya del boletín de responsables fiscales, a este, en general, se le aplicarán las disposiciones antes señaladas, sobre su extensión de la inhabilidad o su terminación anticipada.

De otra parte, el artículo 61 de la Ley 610 de 2000, estipula que una vez proferido el fallo con responsabilidad fiscal en contra de un contratista, las contralorías deben solicitar a la entidad respectiva, que declare la caducidad del contrato relacionado con la actividad antieconómica, siempre que el mismo se encuentre en ejecución y no se haya liquidado.

La caducidad hace parte de las denominadas cláusulas excepcionales de las que habla el artículo 14 de la Ley 80 de 1993 (Estatuto General de Contratación de la Administración Pública), en una prerrogativa especial y exclusiva del Estado, definida en el artículo 18 del mismos Estatuto, y se puede declarar cuando «se presenta alguno de los hechos constitutivos de incumplimiento de las obligaciones a cargo del contratista, que afecte de manera grave y directa la ejecución del contrato y evidencie que puede conducir a su paralización», cuando se decrete esta no procederá la indemnización para el contratista y por el contrario este será acreedor de las sanciones estipuladas en la Ley y el contrato.

Una de las consecuencias de la caducidad de un contrato, es la contenida en el numeral primero, literal c, del artículo 8 de la misma Ley 80 de 1993, que se refiere a la inhabilidad para contratar con el Estado una vez sea declarada y esté en firme; en cuanto a la responsabilidad fiscal, el mismo artículo, esta vez en el literal *a*, establece como causal de nulidad para contratar las señaladas en la Constitución y la Ley, como lo es el caso del parágrafo primero, del artículo 38 del Código Disciplinario Único.

La Corte Constitucional (2000), ha señalado que la solicitud de las contralorías para que las entidades administrativas que sufrieron el daño producto de la responsabilidad fiscal, promuevan la caducidad de los contratos, no es vinculante, ya que esta es una facultad exclusiva de la administración, además la cláusula de caducidad, no es aplicable a todos los contratos Estatales, ya que según lo dispone el artículo 14 del Estatuto Contractual, en algunos casos es obligatoria su inclusión, en otros es facultativa y para algunos está prohibida.

Otra situación está contemplada en la Ley 80 de 1993, de la cual poco se habla, pero que puede ser incidencia directa de los efectos del fallo con responsabilidad fiscal, y es que el artículo 9 de la norma en cita, dispone que cuando se presenten inhabilidades sobrevinientes para los contratistas, estos deberán ceder el contrato con la autorización de la entidad contratante, o de no ser posible ello deberá renunciar al contrato. Con la declaratoria de inhabilidad para contratar que dispone la Ley 734 de 2002, se puede concluir entonces que el contratista declarado civilmente responsable deberá ceder el contrato en los términos antes expuestos hasta que cese la inhabilidad, ya sea por el pago de la indemnización o por la exclusión del boletín de responsables fiscales.

Una última anotación de la que también poco se habla, es de las situaciones en las cuales se declara la caducidad de un contrario, como consecuencia de la solicitud del Contralor por el fallo con responsabilidad fiscal, ya que el Estatuto de la Contratación de la Administración, dispone en su artículo 8, que en los casos que se promueva la caducidad, el contratista incurrirá en inhabilidad de 5 contados a partir de la ejecutoria del acto administrativo que la declaró, que según el criterio de interpretación de la materia específica, deberá prevalecer la inhabilidad en estos caso, aun cuando se presentare el pago de la indemnización o se eliminará al contratista del boletín de responsables fiscales.

6. Otras

La última consecuencia del fallo con responsabilidad fiscal que aquí se presenta, es a la que la Corte Constitucional (2018) ha denominado como de «efectividad de la decisión», ya que está sin trámite adicional presta mérito ejecutivo, y puede ser perseguida sin la necesidad de un trámite declarativo adicional, a través de la jurisdicción coactiva ejercida por las mismas contralorías, para cumplir con el fin resarcitorio del proceso de responsabilidad fiscal, trámite del cual se hablará a continuación.

V.

PROCESO DE JURISDICCIÓN COACTIVA

1. Definición, características y naturaleza

La administración, dispone de dos mecanismos o etapas para exigir el Cobro de sus acreencias que consten en un acto administrativo plenamente ejecutoriado, el cobro Persuasivo y el cobro coactivo, este último será el que se estudiará a continuación, pero sobre el primero se puede afirmar que en algunas ocasiones es una etapa previa, sin que sean un requisito de procedibilidad para ejercer el cobro coactivo, a través del proceso dispuesto por la ley, en ese sentido el Consejo de Estado:

> Pues en sí mismos los cobros persuasivos no son «una ejecución», ni comportan por ende el ejercicio de un «poder coactivo» por parte de la Administración. Se trata simplemente de una instancia previa en la cual se intenta hacer efectivo el recaudo de las acreencias a favor del erario, poniendo de presente al deudor la existencia de las obligaciones insolutas (Expediente 11001032400020040273-01. 2010. M.P. Rafael E. Ostau de Lafont Pianeta).

Harold Ferney Parra (2010), señala que durante la etapa de cobro persuasivo, la administración puede presentar la solicitud de las medidas cautelares, con el propósito de que sean decretadas desde el inicio del proceso coactivo, cumpliendo el fin de estas que es evitar que el deudor se desprenda de sus bienes para no cumplir con el pago, aunque partiendo que en el trámite del proceso de responsabilidad fiscal ya deberían haber solicitado las respectivas medidas cautelares, se ha dicho que estas se extienden hasta el fin del proceso de cobro coactivo.

Sobre la naturaleza y definición de la jurisdicción coactiva, la Corte Constitucional (2003) y la Sala de Consulta y Servicio Civil del Consejo de Estado (2007) concuerdan en que:

> La jurisdicción coactiva es «un «privilegio exorbitante» de la Administración [...], que le permite cobrar directamente, es decir sin intervención judicial, las deudas a su favor, y que se justifica en los principios de eficacia y celeridad de la función administrativa a que se refiere el artículo 209 superior», y que su objetivo se centra en «hacer efectiva la orden

dictada por la administración, de cobro de una obligación monetaria a su favor», así como su fundamento jurídico se encuentra radicado en el principio de ejecutividad de los actos administrativos a que se refiere el artículo 64 del Código Contencioso Administrativo. (C-799 de 2003. M.P. Marco Gerardo Monroy Cabra).

Actualmente, el proceso de jurisdicción coactiva se encuentra regulado por el título 7. Del Decreto Ley 403 de 2020, en él se habilita a los órganos de control fiscal para ejercer la jurisdicción coactiva y perseguir las obligaciones exigibles a su favor, con el propósito de cumplir con el objeto de la reparación de patrimonio público, sobre la remisión normativa, el artículo 107 del Decreto, establece sobre la efectividad de los títulos ejecutivos, se deberá remitir el intérprete de las Leyes 610 de 2000 y 1474 de 2011, en lo que corresponda a la materia, y en general, en lo no contemplado por dicha norma se aplicarán las siguientes normas en el orden de prelación en que se enumeran:

1. El Título IV de la Parte Primera del Código de Procedimiento Administrativo y de lo Contencioso Administrativo.
2. El Estatuto Tributario.
3. La Parte Primera del Código de Procedimiento Administrativo y de lo Contencioso Administrativo.
4. El Código General del Proceso. (Diario Oficial Año CLVI. N0. 51258. 16 De Marzo 2020. Pág. 4)

La Corte Constitucional (1994), afirma que la jurisdicción coactiva, busca hacer efectiva la orden dictada por el mismo Estado, por ministro de la Ley, o como consecuencia de un acto administrativo ejecutable, y exigir el cobro de esa obligación.

De otra parte, la Sección Tercera del Consejo de Estado consideró que, con el procedimiento de cobro por jurisdicción coactiva, lo que se pretende es ejecutar una obligación en favor del Estado, que ha quedado previamente definida en un acto administrativo ejecutoriado, pero no por ello, se le está dotando a la administración de facultades exclusivas del poder judicial como lo ha sostenido el Alto Tribunal de lo Contencioso Administrativo.

> Por último, la Sala considera necesario anotar que el solo hecho de que la ley utilice el vocablo «jurisdicción», para referirse al cobro coactivo, y de «sentencia», para aludir la providencia que decide sobre las excepciones, no se sigue que la ley esté atribuyendo una función jurisdiccional a la administración. (...) Si la atribución de funciones jurisdiccionales a los funcionarios administrativos es de carácter excepcional y si, por lo tanto necesita de atribución y calificación expresa de la ley, no puede fundarse tal carácter sobre simples deducciones de vocablos equívocos usados por el legislador. (Consejo de Estado. Radicado 14807. 2006. C.P. Alier Eduardo Hernández Henríquez).

En ese sentido, no se desprende de la taxatividad de la ley que se hayan otorgado funciones jurisdiccionales a la administración, es simplemente una actividad administrativa, que se ocupa de la actividad tendiente a la recaudación o recuperación de las obligaciones fiscales o indemnizatorias a cargo de alguien, cuando ya existe un título ejecutivo a favor del Estado, que permita el inicio del cobro coactivo.

Finalmente, la Corte Constitucional (2011) concluye que el objetivo de la jurisdicción coactiva, no es más que permitirle tanto a las entidades del orden Nacional, como a las entidades del orden territorial, adelantar por sí mismas un proceso para hacer efectivo una acreencia, sin necesidad de activar el órgano judicial, esto con el fin de facilitar el cobro y en los casos que se derivan de un fallo con responsabilidad fiscal, terminar de garantizar el resarcimiento del erario.

> De todo lo anterior cabe concluir que la jurisdicción coactiva obedece al reconocimiento de una facultad evidentemente extraordinaria o excepcional de la Administración, consistente en eximirla de llevar el asunto al conocimiento de los jueces, para lograr ella directamente la ejecución de ciertas obligaciones a su favor. (sentencia C-666 de 2000). Se trata, eso sí, de sólo obligaciones de contenido económico. (Corte Constitucional. C-919 de 2002. M.P. Alfredo Beltrán Sierra).

2. El trámite

Para el Consejo de Estado (2013) la jurisdicción coactiva se deriva de la denominada «autotutela ejecutiva de la administración», es decir, es una forma especial de llevarla a garantizar el pago de las acreencias ejecutoriadas y que constan en un acto administrativo, ya que como lo dice Harold Ferney Parra (2010) solo pueden ser ejecutables las obligaciones claras, expresas y exigibles, que estén a favor de una entidad pública.

Recordemos que una de las consecuencias del fallo con responsabilidad fiscal, es que presta mérito ejecutivo (artículo 58 de la Ley 610 de 2000), es decir, que el acto administrativo donde consta el valor económico que comprende el resarcimiento del patrimonio público, cumple con los requisitos de ser claro, expreso y exigible; una vez se encuentra ejecutoriado y no se ha conseguido su pago disuasivo.

Para la Corte Constitucional (2002) la Carta Política, consagra dos procesos de naturaleza y objetos diferentes con los cuales se busca garantizar la recuperación del erario, cuando un funcionario público o un particular que adelanta una gestión fiscal, hayan causado un daño al patrimonio del Estado.

El primero, es de los denominados declarativos (proceso de responsabilidad fiscal) en el cual se discute si existe o no una responsabilidad de carácter fiscal, de contenido patrimonial, por la gestión fiscal que adelanta un servidor o particular al momento de ejecutarse la conducta antieconómica. Es un proceso de conocimiento que ante la incertidumbre de la existencia o no del daño y de la conducta de los agentes que la despliegan, se constituye el objeto del debate en torno a dichos postulados, que concluye con el fallo del Contralor que adelantó la actuación procesal.

El segundo proceso, es de los denominados ejecutivos (proceso de jurisdicción coactiva), en el no hay incertidumbre del daño o el sujeto activo de la conducta, por el contrario, con el fallo de responsabilidad fiscal ya se estableció el monto de daño y quien está obligado a resarcir. De allí se desprenden 2 posibilidades, que una vez ejecutoriado el acto, el obligado paga y cumple con su carga, o por el contrario no desembolsa la respectiva indemnización y «de manera compulsiva» persigue el pago de la obligación.

Ambos están sometidos al principio del debido proceso y a la plena protección de las garantías del investigado, con respeto al derecho de contradicción y demás formas en que los extremos se permiten manifestar.

No existe una norma que unifique el proceso de cobro coactivo de las acreencias fiscales, por lo cual con la promulgación del Decreto 403 de 2020, se toma este como la norma base para adelantar el proceso de cobro coactivo; en consonancia con las remisiones expresas normativas que allí se contienen, ya que en lo no dispuesto por este, se debe remitir al Estatuto Tributario, al CPACA o al Código General del Proceso, para resolver el trámite, lo cual es bastante desaforado, ya que con la expedición del Decreto 403 de 2020, se pudo haber unificado todo el régimen de la jurisdicción coactiva, en lo que corresponde a la responsabilidad fiscal.

Lo primero por decir es que la mencionada norma en su artículo 110, establece que se consideran títulos ejecutivos fiscales, además del fallo con responsabilidad fiscal debidamente ejecutoriado, las resoluciones que impongan multas una vez vencido el tiempo contemplado para su pago y las pólizas de seguro o garantías constituidas a favor de las entidades que integren los fallos fiscales.

Sobre el acto administrativo donde consta el fallo con responsabilidad, puede acaecer su ejecutoria en los términos del artículo 91 del Código del Procedimiento Administrativo y de lo Contencioso Administrativo (Ley 1437 de 2011), según el cual, dichos actos no podrán ser ejecutoriados:

1. Cuando sean suspendidos provisionalmente sus efectos por la Jurisdicción de lo Contencioso Administrativo.
2. Cuando desaparezcan sus fundamentos de hecho o de derecho.
3. Cuando al cabo de cinco (5) años de estar en firme, la autoridad no ha realizado los actos que le correspondan para ejecutarlos.
4. Cuando se cumpla la condición resolutoria a que se encuentre sometido el acto.
5. Cuando pierdan vigencia. (Diario Oficial Año CXLV. No. 47956. 18 de enero 2011. Pág. 1)

Durante la vigencia de los anteriores estatutos de la responsabilidad fiscal, existieron múltiples debates en torno a la existencia de la prescripción de la acción fiscal, o si por el contrario solo se trataba de la imposibilidad de ejecutar un acto por la pérdida de oportunidad de exigirlo, según la jurisprudencia que se dio con ocasión de la vigencia del anterior régimen, con el auto que libra el mandamiento de pago se interrumpía el término de la acción fiscal para el cobro coactivo tal como lo estableció el Consejo de Estado (2004), ahora de la lectura del artículo 91 del CPACA y el artículo 112 del Decreto 403 de 2020, se colige que los actos administrativos pierden su ejecutoria, mientras que el fenómeno de la prescripción sólo se refiere al término que tiene el funcionario para concluir con el proceso coactivo.

Es así, que la Ley 1437 de 2011, dispone que si pasados 5 años de estar en firme el acto administrativo, la administración no ha adelantado los trámites respectivos para exigir su pago, el acto pierde su ejecutoria, tiempo que será interrumpido con la notificación del auto que libra el mandamiento de pago, mientras que el Decreto 403 de 2020 contempla que pasados 10 años desde el mandamiento, sin que se llegue a una decisión final, el proceso de cobro coactivo prescribirá, este se interrumpirá con los acuerdos de pago.

Sobre la declaración de pérdida de ejecutoria o de prescripción el Consejo de Estado (2004), ha dicho lo siguiente:

> En la jurisdicción coactiva, el funcionario competente, no solo puede sino que debe decretar de oficio el archivo de los procesos de cobro en los cuales aparezca evidentemente la pérdida de fuerza ejecutoria de los actos administrativos que dieron origen a aquellos, todo sin perjuicio de la eventual responsabilidad disciplinaria que pueda deducirse por el acaecimiento de la prescripción. El funcionario ejecutor que advirtiendo la existencia de la causal de pérdida de fuerza ejecutoria del acto, o de la ocurrencia de la prescripción de la acción de cobro en los procesos en los que se libró mandamiento de pago y no se notificó al deudor dentro de los términos de ley, decide continuar con el proceso de cobro coactivo, podría ser responsable por los perjuicios que con las actuaciones se generen al demandado y por los gastos y costos en que la administración incurrió. (Consejo de Estado. Radicado 1552. 2004. C.P. Susana Montes de Echeverri).

De otra parte, el artículo 113 del Decreto 403 de 2020, aplica las mismas reglas de la doble o única instancia del proceso de responsabilidad fiscal al proceso de cobro coactivo, en el sentido que, las trámites que en el proceso fiscal se adelantaron en una única instancia, en la jurisdicción coactiva, también se llevarán por el camino de la única instancia, en los demás casos, podrán ser recurridos en segunda instancia los que así se disponían en el proceso declarativo.

Para el proceso de cobro coactivo, no existen fases expresas que determinen un paso a paso a seguir, además, como se dijo, se debe remitir a varias fuentes normativas para poder determinar cómo se debe actuar en cada oportunidad, lo que sí es claro es que existe una fase previa, en la cual el funcionario recibe un expediente donde consta el fallo con responsabilidad fiscal, si de él se deduce que no se ha conseguido el pago, se da inicio a la segunda fase en donde comienza el trámite del proceso coactivo, con la expedición de un auto que libra mandamiento de pago en contra del declarado fiscalmente responsable.

Sobre la garantía de defensa, una vez notificado el mandamiento de pago, el ejecutado tendrá dos opciones según lo establece el artículo 830 del Estatuto Tributario, dentro de los 15 días siguientes este cancelará el saldo de la indemnización contenida en el fallo con responsabilidad fiscal, o podrá proponer las excepciones de las que trata el artículo 831 del mismo Estatuto, la cuales son:

1. El pago efectivo.
2. La existencia de acuerdo de pago.
3. La falta de ejecutoria del título.
4. La pérdida de ejecutoria del título por revocación o suspensión provisional del acto administrativo, hecha por autoridad competente.
5. La interposición de demandas de restablecimiento del derecho o de proceso de revisión de impuestos, ante la jurisdicción de lo contencioso administrativo.
6. La prescripción de la acción de cobro, y
7. La falta de título ejecutivo o incompetente del funcionario que lo profirió. (Diario Oficial No. 38756. 30 de marzo1989. Pág. 1)

De acuerdo a lo explicado sobre la prescripción y la pérdida de ejecutoria de los actos administrativos, se debe inaplicar lo dispuesto por el numeral 7, toda vez que es contrario a lo establecido por el Decreto 403 de 2020 y a los dispuesto por el artículo 91 del CPACA, ya que, pasados 5 años desde la notificación del fallo con responsabilidad en firme, este no acaece por el fenómeno de prescripción, sino por la pérdida de oportunidad para su ejecutoria.

Para la solución de las excepciones propuestas, se le imprimirá el trámite que contempla el artículo 114 del Decreto 403 de 2020, allí se dispone que el funcionario tiene de 30 días para resolver la solicitud, dentro de ese término, podrá decretar las pruebas conducentes y pertinentes, a solicitud de parte o de oficio, las cuales deberán ser practicadas en los siguientes 10 días, vencido este tiempo deberá pronunciarse sobre las excepciones.

Cuando las excepciones propuestas prosperen parcial o totalmente, el funcionario deberá ordenar el archivo del proceso o continuará parcialmente con las acreencias restantes respectivamente, cuando ellas no son avaladas por el ejecutante, culminará el proceso con el auto que ordena ejecutar el pago según las particularidades del caso.

La norma establece que contra la providencia que declara continuar con la ejecución, sólo procede el recurso de reposición, el cual es resuelto por el mismo funcionario según lo establece el numeral primero del artículo 74 de la Ley 1437 de 2011, por ello, no se avizora la garantía de la doble instancia para los casos en que procede; en ese sentido, es menester que se declare la constitucionalidad de dicha norma, en el entendido de que también procede el recurso de apelación.

En otro aspecto, sobre la oportunidad de acudir a la jurisdicción contencioso administrativa, como medio de control de los actos expedidos por el funcionario ejecutante, el artículo 116 del Decreto 403 de 2020, contempla que, tanto la resolución que decide sobre las excepciones, como la que ordena la ejecución, podrán ser demandas en sede judicial, pero la aceptación de la demanda no interrumpirá el proceso de cobro coactivo, eso sí, las acciones destinadas a ejecutarlo no podrán ser adelantadas hasta que no exista un pronunciamiento del juez competente.

Finalmente, en cualquier etapa del proceso, de acuerdo al artículo 121 del Decreto 403 de 2020, el ejecutado podrá suscribir acuerdos de pago con el ejecutante, con lo cual se suspende el proceso, se elimina al fiscalmente responsable del boletín de responsables fiscales y se interrumpen las inhabilidades surgidas como consecuencia del fallo fiscal; estas son medidas provisionales, que solo serán permanentes cuando se cumpla en su indemnidad con lo pactado, en caso contrario, cuando se incumpla con el acuerdo, el proceso coactivo se reanudará, se incluirá nuevamente en el boletín de responsables fiscales y se mantendrán las inhabilidades contenidas en el parágrafo 1° del artículo 38 de la Ley 734 de 2002.

VI.

RESPONSABILIDAD SOLIDARIA

Tal como lo afirma Pablo César Díaz Barrera (2013), con el régimen de responsabilidad fiscal anterior, y aun con el que se encuentra vigente antes de la Ley 1474 de 2011, en el ordenamiento jurídico colombiano no existía un precepto legal dentro del proceso de responsabilidad fiscal, que determinara la posibilidad de extender la responsabilidad fiscal en clave de imputación solidaria, a quienes concurrieron en un mismo hecho generador de daño, según la gestión fiscal que adelanten al momento de su configuración.

Por lo tanto, comenta el autor que se acudía a fuentes normativas diferentes, sin que se hiciera por remisión expresa de la legislación fiscal, o igualmente procedían las Contralorías a aplicar criterios «consuetudinarios» para extender la responsabilidad solidaria.

En ese sentido, la Corte Constitucional, refiriéndose a la constitucionalidad de algunos artículos de la Ley 610 de 2000, especialmente el primero y sexto de dicho compendio normativo, dedujo que «la responsabilidad fiscal en forma solidaria tiene como propósito garantizar la efectiva reparación del daño causado por varias personas, protegiendo al Estado de la posible insolvencia de uno de ellos o la dificultad de cobrarle la parte que le corresponde pagar» (C-840 de 2001. M.P. JAIME ARAUJO RENTERÍA), criterio jurisprudencial que fue acogido por la jurisprudencia para imputar la responsabilidad fiscal.

Tradicionalmente, se entendía que eran sujetos de fiscalización los funcionarios públicos y los particulares que tenían la capacidad jurídica, administrativa y financiera, para ejercer la gestión fiscal y a cualquier título, manejar los recursos del Estado y, excepcionalmente los contratistas, que por la ejecución del contrato adjudicado, igualmente tuvieran la aptitud de disponer de recursos públicos como gestor fiscal, como por ejemplo los interventores.

Ahora bien, con la actual legislación, según lo dispone el artículo 119 de la Ley 1474 de 2011, los sujetos que pueden concurrir a la responsabilidad fiscal por un mismo hecho antieconómico, se amplía sustancialmente, en cuanto es posible llamar solidariamente ya no solo al ordenador del gasto, quien por excelencia es el primero en ser llamado a la gestión fiscal, sino que, pueden concurrir con éste el contratista o las demás personas que participen en el daño, «por la misma definición de la solidaridad en materia de responsabilidad fiscal».

Sin embargo, Pablo Diaz (2013) considera que la extensión de la responsabilidad fiscal solidaria, ya estaba decantada a partir de la definición del proceso de responsabilidad fiscal de la que trata los artículos 1 y 6 de la Ley 610 de 2000, en armonía con la sentencia que declaró su exequibilidad.

El artículo 119 de la Ley 1474 de 2011, fue igualmente demandado por inconstitucional, toda vez que a juicio del actor, con éste, se establecía un criterio de imputación objetiva para quienes responden solidariamente con el ordenador del gasto, a lo que la Corte declaró su exequibilidad así:

> En consecuencia, la solidaridad que establece el artículo 119 de la ley 1474 de 2011 entre los responsables de pagar las obligaciones derivadas de un proceso fiscal, no implica la creación de un parámetro de imputación distinto al previsto en los artículos mencionados de la ley 610 de 2000, ni al previsto en el artículo 118 de aquel cuerpo normativo, ni a los que la jurisprudencia ha derivado de los contenidos constitucionales aplicables a la materia. El fundamento de la imputación continúa siendo la culpa grave o el dolo del sujeto pasivo del proceso fiscal. (C-338 de 2014. M.P. Alberto Rojas Ríos).

Así mismo, se debe acudir al factor funcional para determinar la conducta dolosa o gravemente culposa de quienes concurrieron en el daño, ya que en todos los casos, existe una disposición normativa que habilita a los gestores fiscales para administrar recursos y bienes públicos, y señalan expresamente quien es considerado como tal, por ello, la determinación de la responsabilidad solidaria sólo se puede extender a esos funcionarios o particulares que administran el erario, ya que el fundamento axiológico y teleológico del control y la responsabilidad fiscal, recaen tanto en la preservación del patrimonio público, como en la individualización exclusiva de un gestor fiscal.

> Así, al momento de valorar si un agente es o no responsable fiscal es necesario analizar sus deberes funcionales derivados del reglamento, contrato, órdenes de servicios, memorandos y cualquier otro instrumento que materialice su responsabilidad o que configure una causal eximente de la misma.». Oscar Augusto Sotomayor Uribe. 2011. Pág. 21).

Sobre la individualización y determinación del daño fiscal, el autor Español Iván Darío Gómez Lee (2021) desde la perspectiva Europea anota que el Alto Tribunal Constitucional señala que hay lugar a establecer responsabilidad fiscal en forma solidaria, aun cuando las conductas no son simultáneas. En ese sentido el autor señala que la sentencia confunde la responsabilidad en la que concurren varias personas, con el fenómeno propiamente dicho de la solidaridad, lo que podría afectar la proporcionalidad de la medida económica de reparación, en detrimento de las garantías del investigado, ya que lo que se indaga es la «concurrencia en un solo expediente, que analiza el daño y los hechos en bloque», mas no la determinación individualizada de cada hecho, por lo que en ese sentido se habla realmente de la responsabilidad por la conducta de un tercero, y no a título de autor, lo que sustenta la posibilidad de la medida solidaria.

En ese mismo sentido José Carlos Laguna De Paz (2020), concluye que en el contexto Español, los obligados fiscalmente que responden solidariamente por el daño, cometen una única infracción, por esto, siempre que sea posible se debe individualizar la sanción, en función del grado de participación, es decir, son aplicables tanto la imposición de una sanción común, como una individualizada.

En Colombia, la Corte Constitucional (2014), ha determinado que

> La aplicación de los efectos de la solidaridad sólo tiene lugar ante la existencia de un presupuesto jurídico: que se sea responsable en materia fiscal. Una vez esto ha sido determinado, lo único que la naturaleza solidaria de la obligación permite es el cobro del total de los perjuicios causados a cualquiera de los deudores que, con base en su actuar doloso o gravemente culposo, hayan sido encontrados responsables. (C-338 de 2014. M.P. Alberto Rojas Ríos).

A diferencia de lo expuesto por Iván Gómez Lee (2021) refiriéndose al panorama jurídico de España, en nuestro ordenamiento jurídico la responsabilidad solidaria no se predica de la determinación de si el investigado es o no fiscalmente responsable, ya que en el proceso fiscal lo que se busca determinar es la cuantía del daño con la plena identificación e individualización del sujeto activo de la conducta, y ya una vez determinados estos factores, en los casos que sean varias las personas que hayan concurrido con una o varias conducta en un mismo daño, es que se predica la solidaridad de los responsables, con el propósito de que cualquiera de ellos responda por la totalidad del pago, sin lugar a compensación de culpas por su concurrencia.

De otra parte para Carlos Ariel Sánchez Torres (2007) una de las principales fuentes de la responsabilidad fiscal la constituye la contratación estatal, ya que ella es uno de los principales mecanismos de la gestión fiscal de los sujetos de control para lograr la consecución de los fines del Estado y cumplir con sus funciones, por lo que se encuentra totalmente expuesta a que en su ejecución se den los presupuestos para que se afecte el patrimonio público.

En materia de contratación estatal, en lo que respecta a la responsabilidad fiscal que se deriva de ella, el daño patrimonial se da como consecuencia de sobrecostos respecto de los inicialmente pactados en el contrato, o por la paralización del servicio a falta de su culminación.

En los casos de sobrecostos sobre el valor inicialmente pactado, pueden dar por multiplicidad de hechos que pueden ser atribuibles tanto a la administración, como al contratista, incluso se pueden presentar algunas ocasiones en que el incremento se atribuya a las dos partes, pero también, puede responder a hechos ajenos a la voluntad de los co-contratantes tal como se consagra en los eventos de fuerza mayor o caso fortuito.

En lo casos externos a la voluntad de las partes, que concluyan en un presunto sobrecosto, se debe atender a los criterios de previsión y asignación de riesgos, propios de la reglamentación del Régimen General de la Contracción de Entidades Administrativas y sus normas concordantes, para determinar a quién le corresponde soportar dicha carga, o si por el contrario, el hecho se puede atribuir a un funcionario en los casos que el daño fuere previsible e inevitable.

En este último caso, el postulado es atribuible a la administración (gestor fiscal), por el cual se deberá revisar la conducta del funcionario, para determinar si actuó con dolo o culpa grave en el hecho que determinó un daño al patrimonio público, o si por el contrario, el Estado debe cargar con el incremento del valor del contrato. Dentro de las mismas causas atribuibles al gestor fiscal de la entidad contratante, se da en los casos en que éste realiza un pago adicional al contratista, más allá de lo inicialmente pactado, cuando este último fue el que generó que aumentará el costo, situación que debió ser verificada por el gestor antes de realizar el pago, por lo cual, en este caso tanto el contratante como el contratista, serán solidariamente responsables de la disminución injustificada de los fondos del Estado.

Sobre la delegación administrativa y el eximente de responsabilidad que se concibe con ella, Carlos Andrés Téllez Roncancio (2010) recuerda que la Ley 489 de 1998, en su artículo 12 consigna que, en desarrollo del artículo 211 Superior, la delegación exime de responsabilidad al delegante, salvo en los casos de la delegación de firma en materia contractual, en los cuales es exclusivamente del delegante, respondiendo por las consecuencias de la firma; en lo demás casos, solo el delegatario responde por los daños ocasionados al Estado, entre ellos, siempre que se demostrara que cumplía las funciones de gestor fiscal, era llamado a responder por la responsabilidad fiscal que se derivara de sus actos.

Posteriormente con la vigencia del parágrafo 4, del artículo 2, de la Ley 678 de 2001, el legislador extendió los efectos sobre los cuales en general, en materia contractual la delegación no eximen de responsabilidad al delegante, pero restringió los efectos a los casos de la acción de repetición y al llamamiento de garantía, en los cuales tanto delegante como delegatario pueden ser declarados responsables patrimonialmente frente al Estado.

Por su parte, el artículo 12, de la Ley 80 de 1993, dispone que en la delegación administrativa para contratar, los jefes y representantes de las diferentes entidades del Estado, están exonerados de adelantar sus deberes de control y vigilancia sobre el delegatario, en ese sentido el delegante puede ser declarado responsable solidariamente con este último.

En materia de responsabilidad fiscal, el Consejo de Estado (2020), concluyó que con fundamento en el artículo 12 del Estatuto General de Contratación de la Administración Pública, los representantes de las entidades pueden ser declarados fiscalmente responsables por los actos que adelantaron sus delegatarios, sin la posibilidad de liberarse de la misma alegando la delegación, por lo que a su vez, una vez se encuentre el firme el fallo con responsabilidad fiscal en contra del delegante como del delegatario, en los casos que ambos adelanten una función fiscal, serán solidariamente responsables de la indemnización al patrimonio público.

> La Sala precisa que la delegación no es un instrumento para evitar el cumplimiento de las funciones del empleo público o para ejercer la función administrativa sin atender los principios de moralidad, eficacia, igualdad e imparcialidad, toda vez que esta figura constituye una forma de organización administrativa que permite el ejercicio de las funciones y el cumplimiento de los fines del Estado, en el marco de la Constitución Política y la ley. En este estado, se destaca que en materia de contratación estatal, en ningún caso, los jefes y representantes legales de las entidades estatales quedan exonerados en virtud de la delegación de sus deberes de control y vigilancia de la actividad precontractual y contractual, cuando haya incurrido en dolo o en culpa grave, de acuerdo con el parágrafo del artículo 12 de la Ley 80 de 1993 (…) esta referencia normativa permite destacar que en materia de contratación estatal los servidores públicos deben responder por las actuaciones y omisiones en las que hayan incurrido y que impidan la continua y eficiente prestación de los servicios públicos. (Consejo de Estado. Radicado 2165592. 29 de octubre de 2020. C.P. Hernando Sánchez Sánchez).

VII.

CONSECUENCIA DEL PAGO PARA REPARAR EL DAÑO

En cualquier etapa del trámite de la responsabilidad fiscal, desde las indagaciones preliminares, hasta el final del cobro coactivo, el pago voluntario, así como el pago como consecuencia de la ejecución coactiva del órgano de control fiscal, tiene diferentes efectos dependiendo de la instancia en la que se encuentre el trámite respectivo.

Según lo dispone el artículo 16 de la Ley 610 de 2000, durante las indagaciones preliminares que adelante el ente de control, el investigado podrá prestar el pago o reintegro del bien que constituye el daño patrimonial, resarciendo el perjuicio causado al erario, por el cual era requerido a título de responsabilidad fiscal, en esos casos, el funcionario o particular que adelanta la gestión fiscal, será eximido del proceso de responsabilidad fiscal, y procederá el archivo de los trámites adelantados, situación en la cual, no procederá la imposición de una condena, ni las consecuencias naturales del fallo con responsabilidad fiscal, sin perjuicio de las acciones penales o disciplinarias a que haya lugar.

En el mismo sentido, una vez proferido el fallo de apertura e imputación, y hasta tanto no se dicte el fallo del respectivo órgano de control, el imputado que voluntariamente pague la deuda, gozará de lo dispuesto en el artículo 111 de la Ley 1474 de 2011, referente a la cesación de la acción fiscal, por la cual se procederá a la terminación anticipada del proceso, sin perjuicio de la aplicación del principio de oportunidad.

Otra de las consecuencias del pago, es el levantamiento de la medida cautelar que se haya dispuesto, para tal fin, la garantía real o patrimonial que se haya prestado para garantizar la debida indemnización, o cualquier otra disposición que la asegure, será liberada según dispongan las reglas jurídicas para cada caso.

Una vez se encuentre en firme el fallo con responsabilidad fiscal, se puede presentar que el declarado fiscalmente responsable se disponga a retribuir patrimonialmente al Estado, por el detrimento que le ha causado, o que, una vez sea causado a la jurisdicción coactiva, el ente de control ejecute el saldo de la indemnización; en ambas situaciones, la Contraloría General de la República, se dispondrá a eliminar al pagador del boletín de responsables fiscales del que trata el artículo 60 de la Ley 610 de 2000. De igual manera, cesarán los efectos jurídicos de las inhabilidades consagradas en el párrafo 1, del artículo 38, del Código Disciplinario Único, sin necesidad de una declaración adicional por parte de la administración.

Para los casos en los cuales, debido a la inhabilidad sobreviniente, se haya sustraído del cargo al funcionario público, o se haya ordenado la caducidad o cesión obligatoria del contrato de que trata la Ley 80 de 1993, dichos actos preservarán su plena validez, aún cuando el pago de por terminado los efectos de la inhabilidad, sin que ello constituya responsabilidad alguna para la administración.

El último de los postulados que corresponde presentar en este punto, es el que se da con ocasión del inicio del proceso de jurisdicción coactiva, en el cual, durante el curso de su trámite se puede promover un acuerdo de pago entre el deudor y el órgano de control, dicho pacto produce los mismo efectos que el pago de la deuda, siempre que se esté cumpliendo con lo estipulado; No obstante, sus efectos son temporales ya que no constituye el pago total de la indemnización, y sólo con la amortización total del dinero, se confieren los efectos permanentes de la cesación de la inhabilidad y la sustracción permanente del boletín de responsables fiscales.

VIII.

CONTROL JURISDICCIONAL

1. Jurisdicción Contencioso Administrativa

a) Necesidad

La Contraloría, como bien lo ha reseñado la Corte Constitucional (2018) es un órgano autónomo e independiente dentro de la estructura del Estado, no es propiamente un ente autárquico, ya que se encuentra sometido a controles como la vigilancia de la Auditoría General de la República, o el que lo somete al principio de legalidad. Por ende, no solo está sometido a reglas de carácter sustanciales y adjetivas reguladas por el poder legislativo, sino también, puede ser sometido al poder judicial del Estado a través de la jurisdicción contencioso administrativa, competente para conocer de los asuntos que la Ley así lo disponga, acerca del control y la responsabilidad fiscal.

Muestra de lo anterior, se evidencia la importancia y necesidad de permitir una eventual revisión por la jurisdicción de lo contencioso administrativo, para el control de las mismas contralorías, que no puede ser entendida como una vulneración a la autonomía de ese órgano, sino como una muestra de que en el Estado Social, Constitucional y Democrático de Derecho no puede haber acto sin control. La concepción misma de las Contralorías y su naturaleza administrativa, es muestra que sus actuaciones pueden ser impugnadas ante un órgano que reúna las calidades propias de los funcionarios judiciales, como lo es la jurisdicción de lo contencioso administrativo.

b) Actos enjuiciables

En relación con la posible impugnación ante la jurisdicción contencioso administrativa de los actos a los que se hace referencia en el trámite del proceso de responsabilidad fiscal, bajo la vigencia del antiguo régimen de responsabilidad fiscal, consagraba que sólo el acto donde consta el fallo con responsabilidad fiscal puede ser objeto de cuestionamiento judicial.

Con la vigencia del régimen actual de responsabilidad fiscal, según lo explica la Corte Constitucional (2001), por medio del artículo 59 de la Ley 610 de 2000, el legislador dispuso expresamente que únicamente será demandable el acto con el que termina el referido proceso, con ello se ajustó la normatividad a los criterios jurisprudenciales, especialmente del Consejo de Estado, sobre la imposibilidad de recurrir ante la jurisdicción contencioso administrativa para debatir los actos de trámite, «al hacerlo, introduce claridad en las reglas de juego que rigen el proceso de responsabilidad fiscal para todos los asociados, incluidos los que no conocieran la jurisprudencia del Consejo de Estado sobre el particular». (C-557 de 2001. M.P. Manuel José Cepeda Espinosa).

La posibilidad de acudir al poder judicial para solicitar la revisión se garantiza con fundamento en la imposición de las medidas tendientes a resarcir el daño al erario, que son por excelencia de naturaleza patrimonial y, a los efectos que de él se pueden desprender para los particulares que acrediten interés en el asunto cuestionado.

De lo contrario, en caso de que el ordenamiento jurídico no dispusiera sobre la posibilidad de acudir a la jurisdicción para cuestionar los actos que se den en curso de un trámite administrativo, se configuraría una flagrante vulneración al debido proceso y a la estructura constitucional que se proclama con la Carta de 1991, ya que con dichas resoluciones administrativas, según la teoría del acto administrativo, se busca crear, modificar o extinguir una situación jurídica concreta, que se deriva de los actos definitivos, y no de los denominados actos de trámite o preparatorios.

Para justificar la imposibilidad de recurrir los actos de trámite, esto responde a que con ellos no se define una situación jurídica concreta, que en esencia pueda afectar derechos o garantías sustanciales, así como para evitar la parálisis de la actuación administrativa, ya que demandar cada acto de trámite procesal, permitiría que en ciertos casos se pudiera entorpecer o dilatar el mismo, lo que iría en contra del fin del proceso de responsabilidad fiscal, que es proteger recursos públicos y garantizar su reparación cuando se les ha causado un daño, sin mencionar que con la posibilidad de atacar la decisión de fondo, naturalmente permite cuestionar el trámite por el cual se llegó a ella.

> De esta manera, la norma **(artículo 59 de la Ley 610 de 2000)** demandada no impide el acceso a la justicia para demandar los actos preparatorios o de trámite, simplemente lo condiciona: primero, el interesado debe esperar a que termine el proceso de responsabilidad fiscal; y segundo, debe demandar el acto que le puso fin al proceso para mostrar la relevancia de la irregularidad previa para la decisión final. Ambas condiciones son adecuadas para asegurar que la administración de justicia no sea perturbada ni sobrecargada. (Corte Constitucional. C-557 de 2001. M.P. Manuel José Cepeda Espinosa) Negrilla del autor.

En cuanto al proceso de jurisdicción coactiva según lo dispuesto por el artículo 116 del decreto 403 de 2020, únicamente son demandables ante la jurisdicción contencioso administrativa las resoluciones que fallan las excepciones y ordena la ejecución, igualmente el artículo señala que el auto que admite la demanda del medio de control respectivo, no suspende el proceso de cobro, y a su vez, no se podrán adelantar actos tendientes a ejecutar el pago.

En ese orden de ideas, sólo pueden ser objeto de debate ante la jurisdicción de lo contencioso administrativo, el acto administrativo que concluye el proceso de responsabilidad fiscal, las resoluciones que fallan excepciones y el auto que ordena la ejecución, en el proceso de jurisdicción coactiva, los cuales se tramitan con arreglo a la segunda parte del Código del Procedimiento Administrativo y de lo Contencioso Administrativo.

c) Medio de control de nulidad y restablecimiento del derecho

El Consejo de Estado (2021), ha señalado los medios por los cuales se activa la jurisdicción contencioso administrativa, para conocer de los actos que establecen la responsabilidad fiscal de un servidor público o de un particular que adelanta una gestión fiscal.

> El control automático de legalidad de los fallos con responsabilidad fiscal se ejerce sobre decisiones que son actos administrativos de contenido particular. Las personas condenadas en dichos actos, tienen derecho a impugnarlos ante la jurisdicción de lo contencioso administrativo y a solicitar el restablecimiento de sus derechos y la reparación de los perjuicios causados con los mismos. Tienen el derecho, al igual que todas las personas, a hacerlo mediante la acción de nulidad y restablecimiento, prevista en el artículo 138 del CPACA. (Consejo de Estado. Radicado 11001-03-15-000-2021-01175-00. 28 de abril de 2021. C.P. Martín Bermúdez Muñoz).

El primero de ellos es el denominado medio de control de nulidad y restablecimiento del derecho, consagrado en el artículo 138 de la Ley 1437 de 2011 (CPACA), con el cual se busca que el fallador se manifieste sobre 2 declaraciones, la primera que decrete la nulidad del acto impugnado, la cual procede por las causales establecida en el artículo 137 del mismo cuerpo normativo; y la segunda, que restablezca un derecho reclamado, así como como la reparación del daño que se genere con esta segunda declaración.

Igualmente la Corte Constitucional (2014), encuentra que el medio de control de nulidad y restablecimiento del derecho, es el mecanismo jurídico idóneo para perseguir la protección de los derechos y garantías fundamentales, que a juicio del actor, ha vulnerado el organismo de control, protección que se garantiza desde el mismo momento de la presentación de la demanda, ya que permite la solicitud de medidas cautelares destinadas a dicho fin.

Según lo dispuesto por el artículo 137 del CPACA, la nulidad en relación con el medio de control que habla el siguiente artículo, procede por las siguientes causales:

1. Cuando hayan sido expedidos con infracción de las normas en que deberían fundarse, o sin competencia, o en forma irregular, o con desconocimiento del derecho de audiencia y defensa, o mediante falsa motivación, o con desviación de las atribuciones propias de quien los profirió.

2. También puede pedirse que se declare la nulidad de las circulares de servicio y de los actos de certificación y registro. (Diario Oficial Año CXLV. No. 47956. 18 de enero 2011. Pág. 1)

Para iniciar con el trámite ante la jurisdicción a través del medio de control invocado, primero se debe cumplir con lo establecido en el Capítulo III de la segunda parte del CPACA, que se refiere a los requisitos previos para demandar (artículo 162) y el contenido de la demanda (artículo 162), con ella se podrán solicitar medidas cautelares como la suspensión de los efectos jurídicos del acto cuestionado, pero en los casos que no se solicitan medidas cautelares, se debe agotar con una audiencia de conciliación, con el fin de resolver de forma expedita el debate procesal, que podría concluir inclusive con la revocatoria del acto.

La norma establece un término de caducidad de 4 meses, es decir, a partir del día siguiente que el fallo con responsabilidad se encuentra en firme, el afectado con la medida dispondrá de 4 meses para accionar la justicia, o de lo contrario perderá la oportunidad de controvertir el fallo, de igual forma, en los casos que exista un acto intermedio o de ejecución, el tiempo empezará a contar desde la firmeza de este último acto.

El conocimiento del debate se somete al criterio del juez natural, que en este caso obedece a los criterios de competencia establecidos en el Capítulo 1, del Título II, de la Ley 1437 de 2011, especialmente en los artículos 155 de los jueces administrativos y 152 de los Tribunales Administrativos

De otra parte el artículo 179 del CPACA dispone que el proceso contencioso administrativo es un trámite regulado con ajuste a las garantías judiciales, que se adelanta por etapas, entre la cuales se destaca un sistema de audiencias, ya sea en única o doble instancia, y entonces está compuesto por las siguientes fases y audiencias de enjuiciamiento:

1. La primera, desde la presentación de la demanda hasta la audiencia inicial.

2. La segunda, desde la finalización de la anterior hasta la culminación de la audiencia de pruebas, y

3. La tercera, desde la terminación de la anterior, hasta la notificación de la sentencia. Esta etapa comprende la audiencia de alegaciones y juzgamiento.

Para su realización, de no presentarse situaciones anormales se seguirán en el mismo orden de los numerales señalados; sin embargo, para los casos en que sea un asunto de puro derecho, se prescinde de la segunda audiencia de pruebas, y el juez se constituirá en etapa de alegaciones y juzgamiento para fallar en la misma audiencia inicial.

En suma, ese es el trámite por excelencia del cual dispone el declarado fiscalmente responsable, para cuestionar el acto que le atribuyó la responsabilidad, al cual deberá acudir con las pruebas que considere conducentes y pertinente para que el juez le asista la razón, las cuales dependen de la realidad de cada caso en concreto.

El medio de control de simple nulidad, no es un medio jurídico procedente para perseguir igualmente la revocatoria del acto que declaró la responsabilidad, ya que con este solo se busca eliminar del ordenamiento jurídico los actos de contenido abstracto y general o los particulares que tengan relevancia pública, restando otros medios como el control automático de legalidad, con los cuestionamientos que ha presentado el Consejo de Estado, acerca de su implementación y que se presentarán a continuación.

d) Control automático de legalidad

Esta, es una institución jurídica concebida por el Acto Legislativo 04 de 2019, que reformó el régimen de control fiscal, implementando el control concomitante y preventivo, y se dispuso a establecer el control jurisdiccional automático de los fallos de responsabilidad fiscal, esta figura se materializó solo hasta la reforma del Código del Procedimiento Administrativo y de lo Contencioso Administrativo (Ley 2080 de 2021), lo que resulta extraño, ya que en general el Decreto 403 de 2020 fue el que implementó la reforma constitucional.

Así, con la Ley 2080 de 2021 que modificó la Ley 1437 de 2011 se reguló formalmente el control automático de legalidad de fallos con responsabilidad fiscal (artículo 136A del CPACA), que se derivan de los procesos de responsabilidad fiscal de los cuales ya se ha hecho expresa referencia, permitiendo a la jurisdicción contencioso administrativa ejercer el control de legalidad de los actos definitivos de los órganos de control fiscal, que como se dijo se fundamenta en el mismo Estado Social de Derecho y el modelo constitucional acogido por la Constitución Política de 1991, con el fin de garantizar tanto los derechos del fiscalmente responsable, como la protección de los recursos y fondos públicos.

Previo a revisar las etapas concebidas para el control automático de legalidad, se debe decir que el juez de instancia deberá revisar en su integridad el contenido del fallo con responsabilidad fiscal, lo que significa que deberá verificar que las actuaciones adelantadas en el trámite se ajustan a la norma adjetiva, y revisar que el *a quo* no haya incurrido en las causales de nulidad estipuladas en el artículo 137 del CPACA: «cuando hayan sido expedidos con infracción de las normas en que deberían fundarse, o sin competencia, o en forma irregular, o con desconocimiento del derecho de audiencia y defensa, o mediante falsa motivación, o con desviación de las atribuciones propias de quien los profirió».

Para la correspondiente revisión, corresponde a las Contralorías remitir su decisión del fallo con responsabilidad fiscal, junto con los documentos y antecedentes que lo conforman, que serán enviados en su integridad a la secretaría del respectivo despacho judicial para su reparto, dentro de los cinco (5) días siguientes a la firmeza del acto definitivo.

En consonancia con el artículo 267 de la Constitución Política, el trámite de la revisión no podrá exceder un año desde el auto que admite el trámite y se regirá por etapas consagradas en el artículo 185A del CPACA.

1. Mediante auto no susceptible de recurso, el magistrado ponente admitirá el trámite correspondiente, en el que dispondrá que se fije en la secretaría un aviso sobre la existencia del proceso por el término de diez (10) días.

Durante el término de publicación previsto en la norma, cualquier ciudadano podrá intervenir por escrito para defender o impugnar la legalidad del respectivo acto administrativo cuestionado, en el mismo se correrá traslado al Ministerio Público para que rinda concepto y se ordenará la publicación de un aviso en el sitio web de la Jurisdicción de lo Contencioso Administrativo.

Se notificará personalmente al buzón de correo electrónico a quien hubiere sido declarado responsable fiscal o tercero civilmente responsable, así como al órgano de control fiscal correspondiente.

2. Cuando lo considere necesario y a fin de adoptar una decisión, el juez podrá decretar las pruebas que estime conducentes, las cuales se practicarán en el término de diez (10) días.

Al igual que cualquier juez *ad quem*, quien conoce por competencia del control automático, tiene la facultad de decretar pruebas, mediante auto no susceptible de recursos, para que sean practicadas en el tiempo que señale la Ley.

3. Vencido el término de traslado o el período probatorio, cuando a ello hubiere lugar, el magistrado ponente registrará el proyecto de fallo dentro de los diez (10) días siguientes a la fecha de entrada al despacho para sentencia.

4. La sala de decisión proferirá sentencia dentro de los veinte (20) días siguientes al registro del proyecto de fallo. (Diario Oficial Año CXLV. No. 47956. 18 de enero 2011. Pág. 1).

En los casos que se encuentre probado que el órgano de control incurrió en una de las causales de nulidad previstas en el artículo 137 del CPACA, lo declarará conforme a lo señalado por el mismo Código y dispondrá de su acaecimiento o las medidas que considere pertinentes, el fallo se notificará personalmente a los extremos del proceso de responsabilidad coactiva y al Ministerio Público y, se notificará por estado a los demás intervinientes.

El fallo de control automático es susceptible del recurso de apelación, es decir, en todos los casos será tramitado bajo la garantía de la doble instancia, que será decidido por salas especiales conformadas por la corporación competente, en caso de no presentarse recurso la sentencia ejecutoriada fuerza de cosa juzgada erga omnes.

Como se observa, el control automático de legalidad, es un trámite judicial claramente reglado de acuerdo con la reforma del Acto Legislativo 04 de

2019; sin embargo, no por ello necesariamente se ajusta a la Constitución, así lo ha concluido la Sala Séptima Especial de Decisión del Consejo de Estado, que mediante auto del 28 de abril de 2021, se manifestó diciendo lo siguiente:

> Los artículos 23 y 45 de la Ley 2080 de 2021 (…) A juicio del Despacho las dos disposiciones anteriores desconocen la función constitucional de la jurisdicción de lo contencioso administrativo, a la que le corresponde juzgar los actos de la administración, restablecer los derechos de los particulares y disponer la reparación de los perjuicios que se les causen con tales actos. (Consejo de Estado. Radicado 2173904. 28 de abril de 2021. C.P. Martín Bermúdez Muñoz).

Se llegó a dicha conclusión ya que a juicio del Alto Tribunal, el ejercicio de la jurisdicción contenciosos administrativa, está encaminada a garantizar el derecho de acceso a la administración de justicia y al debido proceso, y es que solo en ese sentido se puede considerar que una norma se ajusta o no al Estado de Derecho en el cual los ciudadanos, de acuerdo con el artículo 13 Superior, deben tener el mismo tratamiento ante la ley, que puedan demandar los actos de la administración, y que cuenten con la garantía de un juez natural imparcial que atienda las pretensiones invocadas por todos los extremos procesales en condiciones de igualdad.

Con las disposiciones antes señaladas, el Consejo de Estado (2021) establece que con la promulgación de los artículos 23 y 45 de la Ley 2080 de 2021, se priva a los declarados fiscalmente responsables en sede administrativa, de los derechos a formular una demanda, en los términos de la Ley para activar la jurisdicción y presentar sus inconformidades sobre el acto que los afecta exclusivamente a ellos; de solicitar medidas cautelares tendientes a la preservación de sus derechos fundamentales; de solicitar y practicar los medios de prueba útiles para buscar el acaecimiento del acto; presentar los alegatos de conclusión que formen el convencimiento del juez para que falle en su favor, de forma imparcial; y finalmente se le priva a los declarados fiscalmente responsables de perseguir el restablecimiento del derecho y demostrar los perjuicios que ocasionalmente le pudieron haber sido causados.

Con sendos argumentos, la Sala Séptima Especial de Decisión del Consejo de Estado, mediante auto del 28 de abril de 2021, decidió inaplicar por inconstitucionalidad, los artículos 23 y 45 de la Ley 2080 de 2021, y por lo tanto, no conocer del trámite de control automático de legalidad allí dispuesto, al constituirse un juicio público, que no responde a los derechos y garantías fundamentales, del principal afectado con el fallo de responsabilidad fiscal.

Actualmente, en la Corte Constitucional se encuentra en trámite una demanda de inconstitucionalidad en contra de los referidos artículos 23 y 45 de la Ley 2080 de 2021, bajo el expediente D-14297, a la fecha, la Magistrada Ponente, Dra. Gloria Stella Ortiz Delgado, presentó proyecto de fallo, al cual no se pudo tener acceso, por esta razón, su pronunciamiento se encuentra pendiente.

2. Tutela

La tutela es un mecanismo excepcional y residual para la protección exclusiva de derechos fundamentales, que deben estar gravemente vulnerados o sea inminente su deterioro, pero que además, no se encuentre en el ordenamiento jurídico otro medio eficaz para su protección. Por ello, no se puede acudir a la tutela hasta que no se agoten los mecanismos antes dispuestos para la protección de derechos fundamentales, siempre que se demuestre que dichos medios no garantizaron la defensa de los mismos.

Sobre la base de lo anterior, el Consejo de Estado (2015) ha establecido que la tutela no es el mecanismo idóneo para atacar las decisiones administrativas de las contralorías, ya que existen medios jurídicos como el medio de control de nulidad y restablecimiento del derecho, para cuestionar los actos administrativos que determinan la responsabilidad fiscal de un sujeto que adelanta la gestión fiscal de una entidad.

> Debe señalarse que la acción de tutela no puede convertirse en un medio de defensa paralelo al proceso de nulidad y restablecimiento del derecho que se tramita en la actualidad, puesto que el juez constitucional no puede entrar a remplazar al juez natural de la acción ordinaria para dirimir aquello que por virtud de la ley corresponde decidirse previo el cumplimiento de un procedimiento reglado una vez se cuente con el concurso de las partes a fin de garantizar su derecho de contradicción. (Consejo de Estado. Radicado 85001-23-33-000-2015-00110-01. 10 de julio de 2015. C.P. Lucy Jeannette Bermúdez Bermúdez).

En el mismo sentido, la Corte Constitucional (2018) ha sido enfática en determinar que en materia de procedimientos administrativos, por regla general, la acción de tutela no procede para discutir la naturaleza, conformación y efectos de los actos administrativos de carácter definitivo, salvo que, en casos excepcionales el actor demuestre que existe un perjuicio irremediable, sobre el cual, la jurisdicción contencioso administrativo, no sea la adecuada para resolver el conflicto en cuestión.

Caso muy diferente se presenta, cuando se trata de actos administrativos de simple trámite, sobre los cuales no existe en el ordenamiento jurídico un mecanismo judicial para controvertirlo, ya que en el trámite administrativo se dispone de ciertos recursos para cuestionarlos, «situación que hace procedente la acción de tutela en este caso, tal y como fue precisado en un pronunciamiento reciente de esta Sección». (Radicado 25000-23-41-000-2016-00225-01. 21 de abril de 2016. C.P. Carlos Enrique Moreno Rubio).

Entonces los actos administrativos de trámite, son por excelencia, un claro ejemplo de las situaciones en las cuales no existe un mecanismo que permita controlar en sede judicial la actuación de la administración y por ende, no cuenta el accionante con un mecanismo de defensa judicial efectivo para la protección de derechos fundamentales, por lo que el Consejo De Estado (2016), concluye que se cumple con el requisito de subsidiariedad.

IX.

CONSECUENCIAS DEL FALLO ANULATORIO

Sobre la nulidad de los actos administrativos cuestionados en sede judicial, en la jurisdicción contenciosos administrativa, cuando el fallo sea de naturaleza anulatorio, lo primero que se debe decir, es que sus efectos se extienden hasta el momento mismo en que se promulgó el acto, con el propósito de retornar la cosas al estado en el que se encontraban, como posible sustento de la reclamación de perjuicios y el restablecimiento de un derecho.

> Esta Corporación ha precisado en reiterados pronunciamientos que la nulidad de un acto administrativo declarada por la vía jurisdiccional implica el reconocimiento de que desde su expedición estaba viciado. Razón por la cual, la declaratoria de nulidad produce efectos ex tunc, es decir, que desaparece el velo de su aparente legalidad, desde el momento mismo de su emisión, lo que hace que las cosas vuelvan al estado en que se encontraban antes de su expedición, no teniendo vocación de generar ningún efecto jurídico. (Consejo de Estado. Radicación número: 2007-00036. Sentencia del 2 de abril de 2009).

Al retrotraerse las cosas a su estado anterior, desde el momento en que se encontraba en firme el acto, solo sufren las consecuencias de la nulidad las situaciones no consolidadas al momento del fallo definitorio, o las que al momento de tomar la decisión de nulidad eran susceptibles de ser controvertidas, ya sea en sede administrativa o judicial, y que por el paso del tiempo se haya vencido la oportunidad de debatirlas.

Por ello, según lo dispone el artículo 189 del CPACA, sobre los efectos de la sentencia, en los casos que se declare la nulidad de un acto, el proceso tiene efectos de cosa juzgada y de *erga omnes*, por lo tanto, son diferentes para cada sujeto que participó en el proceso de responsabilidad fiscal.

1. Para el Demandante

El declarado fiscalmente responsable que haya acudido a la jurisdicción contencioso administrativa, en calidad de sujeto pasivo del medio de control de nulidad y restablecimiento del derecho, una vez se encuentren probadas y aceptadas sus pretensiones por parte del fallador competente, seguirá gozando de la presunción de inocencia, ya que como consecuencia del fallo anulatoria, se deberá entender que no fue declarado responsable de una conducta antieconómica en contra de patrimonio público, sin perjuicio de que el ente de control respectivo aún se encuentre dentro del periodo límite de prescripción para seguir conociendo de la presunta conducta del erario.

En los casos que esté no hubiere solicitado la medida cautelar de suspensión provisional del acto, y por lo tanto hubiere producido los efectos del fallo de responsabilidad fiscal a los que se refiere la parte cuarta del presente texto, inmediatamente será retirado de la lista de responsables fiscales, así como al acaecimiento de las inhabilidades a que haya tenido lugar, aunque en este caso, a título de restablecimiento del derecho, deberá ser reintegrado al cargo público en que se encontraba posesionado, o la reparación a que haya lugar, según lo establece el Consejo de Estado (2009).

2. Para el Estado

Para el caso del Estado, representado por la Contraloría que haya impuesto la sanción, en ejercicio de las funciones que le ha otorgado la Constitución, la consecuencia del fallo anulatorio es justamente la pérdida de la presunción de legalidad del acto administrativo que declaró la responsabilidad fiscal, y la posible pérdida de competencia sobre los hechos que dieron lugar al proceso de responsabilidad fiscal.

Para el Estado - patrimonio público, en los casos que la nulidad se de por un defecto de forma que puedo evitar el funcionario del ente de control, sus efectos serán negativos en los casos que efectivamente se hubiere materializado un daño en contra de este, ya que no se pudo cumplir con los fines del proceso de responsabilidad fiscal, que es el de resarcir el detrimento al erario, aunque esta consecuencia no es más que una mera especulación ante la incertidumbre de la existencia del daño.

Por último, en los casos que a título de restablecimiento del derecho, como consecuencia del fallo anulatorio, se decida por ejemplo, la restitución del cargo del funcionario público, o la eventual indemnización del contratista que se le hubiere declarado la caducidad u ordenado la cesión del contrario, el Estado sufrirá una consecuencia económica que en sí misma no constituye un daño, pero sí una reducción de su patrimonio.

3. Para los no Demandantes

En cuanto a los no demandantes, el Consejo de Estado (2017), se ha referido sobre los posibles intervinientes que tiene un interés directo «es decir, los que tienen una verdadera vocación de parte, sin cuya comparecencia no podría proferirse la sentencia porque los afecta directamente» (Sección Primera. Radicado 25000-23-41-000-2014-01048-01. 27 de julio de 2017. C.P. María Elizabeth García González), sobre ellos se podrán extender los efectos de la sentencia, dependiendo del motivo por el cual acudieron al proceso, según lo estipulado en el artículo 38 del CPACA.

Por otra parte, se encuentran los litisconsortes facultativos y los intervinientes excluyentes, enunciados en los artículos 60 y 63 del Código General del Proceso, que en virtud del principio de integración normativa, aunque no estén consagrados en la Ley 1437 de 2011, pueden participar del proceso administrativo bajo las condiciones del CGP, quienes presentan sus propias pretensiones y formulan demanda aparte, por lo tanto no les es extensiva la sentencia anulatoria.

Por último, frente a la figura de la coadyuvancia, reglamentada en el artículo 71 del CGP, ha dicho el Consejo de Estado (2017), que por medio de ella, una persona que tenga una relación sustancial con una de las partes y no se le extiendan los efectos jurídicos de la sentencia, podrá intervenir en el proceso, siempre que pueda verse afectada si la parte con la que se relaciona es vencida en juicio.

El Alto Tribunal es claro en afirmar que la norma dispone que aunque los coadyuvantes participan en el proceso para velar por sus intereses, de ninguna forma se benefician del fallo, ni se les extienden sus efectos jurídicos.

Por lo tanto en aquellos casos que se haya determinado la responsabilidad fiscal solidaria, y uno de los fiscalmente responsables haya acudido a la jurisdicción como demandante, y el otro como coadyuvante, a este último no le será extensivo el fallo anulatorio del fallo con responsabilidad fiscal y por lo tanto seguirá teniendo a su cargo el deber de resarcir el erario. Caso contrario se presenta cuando todos los declarados solidariamente responsables por un daño fiscal concurren a un mismo proceso como parte demandante, en esta hipótesis a todos les será aplicado por igual el fallo y se anularán los actos administrativos que hayan determinado su responsabilidad.

X.

BIBLIOGRAFÍA

- Amaya O., U (2002) Fundamentos constitucionales del control fiscal. Umbral.
- Amaya O., U (2002). Teoría de la responsabilidad fiscal. Universidad Externado de Colombia.
- Consejo de Estado
- Radicación número: 11001-03-15-000-2021-01175-00(A). 28 de abril de 2021. C.P. Martín Bermúdez Muñoz.
- Radicado 0381 .5 de mayo de 1994. C.P. Luis Eduardo Jaramillo Mejía
- Radicado 05001-23-31-000-2006-02905-01. 16 de julio de 2015. C.P. María Claudia Rojas Lasso
- Radicado 11001-03-06-000-2012-00029-00. 24 de abril de 2012. C.P. Luis Fernando Álvarez Jaramillo.
- Radicado 11001-03-15-000-2015-02436-01. 25 de febrero de 2016. C.P. Alberto Yepes Barreiro
- Radicado 11001-03-15-000-2019-00174-00. 4 de abril de 2019. C.P. Julio Roberto Piza Rodríguez.
- Radicado 11001-03-15-000-2020-00287-01. 21 de enero de 2021. C.P. Carlos Enrique Moreno Rubio.
- Radicado 110010324000200400273-01. 23 de enero de 2010. C.P. Rafael E. Ostau de Lafont Pianeta.
- Radicado 11001-03-28-000-2015-00033-00. 15 de septiembre de 2016. C.P. Alberto Yepes Barreiro.
- Radicado 11001-03-28-000-2015-00033-00. 3 de marzo de 2016. C.P. Roció Araujo Oñate.
- Radicado 11001-03-28-000-2018-00124-00. 8 de agosto de 2019. C.P. Lucy Jeannette Bermúdez Bermúdez
- Radicado 13001-23-31-000-2005-01012-01. 3 de octubre de 2019. C.P. Roberto Augusto Serrato Valdés
- Radicado 13001-23-33-000-2017-00606-01. 30 de agosto de 2017. C.P. Alberto Yepes Barreiro.

- Radicado 13001-23-33-000-2017-00606-01. 30 de agosto de 2017. C.P. Alberto Yepes Barreiro
- Radicado 1835. 9 de agosto de 2007. C.P. Luis Fernando Álvarez Jaramillo
- Radicado 19001-23-33-000-2017-00369-01. 19 de octubre de 2017. C.P. Alberto Yepes Barreiro.
- Radicado 19001-23-33-000-2017-00369-01. 19 de octubre de 2017. C.P. Alberto Yepes Barreiro
- Radicado 2154429. 9 de julio de 2020. C.P. Nubia Margoth Peña Garzón.
- Radicado 2173904. 28 de abril de 2021. C.P. Martín Bermúdez Muñoz
- Radicado 25000-23-24-000-1994-04373-01. 11 de octubre de 2007. C.P. Marco Antonio Velilla Moreno.
- Radicado 25000-23-24-000-2003-00462-01.15 de febrero de 2018. C.P. Alberto Yepes Barreiro
- Radicado 25000-23-24-000-2004-00025-01. 2 de mayo de 2013. C.P. María Claudia Rojas Lasso
- Radicado 25000-23-24-000-2004-00529-01. 18 de marzo de 2010. C.P. Rafael e. Ostau de Lafont Pianeta
- Radicado 25000-23-24-000-2007-00458-01. 23 de julio de 2015. C.P. maría Elizabeth García González
- Radicado 25000-23-24-000-2009-00287-02. 7 de junio de 2018. C.P. Alberto Yepes Barreiro
- Radicado 25000-23-24-000-2012-00195-01. 9 de agosto de 2018. C.P. Carlos Enrique Moreno Rubio.
- Radicado 25000-23-41-000-2013-02417-01. 22 de octubre de 2020. C.P. Hernando Sánchez Sánchez
- Radicado 25000-23-41-000-2013-02729-01. 30 de julio de 2020. C.P. Oswaldo Giraldo López.
- Radicado 25000-23-41-000-2014-01048-01. 27 de julio de 2017. C.P. María Elizabeth García González.
- Radicado 25000-23-41-000-2016-00225-01. 21 de abril de 2016. C.P. Carlos Enrique Moreno Rubio
- Radicado 25000-23-41-000-2016-01063-01. 16 de agosto de 2016. C.P. Lucy Jeannette Bermúdez Bermúdez
- Radicado 3334. 10 de junio de 2004. C.P. María Nohemí Hernández Pinzón.
- Radicado 50001-23-31-000-2005-30456-01. 24 de mayo de 2012. C.P. Marco Antonio Velilla Moreno

- Radicado 6177. 23 de marzo de 2001. C.P. Manuel Santiago Urueta Ayola.
- Radicado 6177. 23 de marzo de 2001. C.P. Manuel Santiago Urueta Ayola
- Radicado 6587. 16 de noviembre de 2001. C.P. Manuel Santiago Urueta Ayola.
- Radicado 68001-23-31-000-2011-01021-01. 18 de octubre de 2019. C.P. Hernando Sánchez Sánchez
- Radicado 7370. 27 de marzo de 2003 C.P. Gabriel Eduardo Mendoza Martelo.
- Radicado 76001-23-33-000-2015-01307-01. 2 de marzo de 2016. C.P. Jorge Octavio Ramírez Ramírez
- Radicado 85001-23-33-000-2013-00250-01. 30 de enero de 2014. C.P. Susana Buitrago Valencia
- Radicado 85001-23-33-000-2015-00110-01. 10 de julio de 2015. C.P. Lucy Jeannette Bermúdez Bermúdez.
- Radicado 85001-23-33-000-2017-00129-01. 3 de octubre de 2019. C.P. Hernando Sánchez Sánchez
- Radicado 85001-23-33-000-2017-00135-01. 8 de octubre de 2020. C.P. Hernando Sánchez Sánchez
- Radicado14807. 30 de agosto de 2006. C.P. Alier Eduardo Hernández Henríquez.
- Constitución Política de 1991. Gaceta Constitucional número 114. Domingo 4 de julio de 1991.
- Contraloría Bogotá. (2017). Guía de auditoria financiera. Contraloría Bogotá.
- Contraloría General De La República. (2001) Concepto 80112- 0070A. Contraloría General De La República
- Contraloría General De La República. (2004) Cuadernillo responsabilidad fiscal y jurisdicción coactiva. El Proceso de Responsabilidad Fiscal. Imprenta Nacional.
- Corte Constitucional
- C-046 de 1994. M.P. Eduardo Cifuentes Muñoz.
- T-445 de 1994. M.P. Alejandro Martínez Caballero.
- C-540 de 1997. M.P. Hernando Herrera Vergara.
- C-054 de 1997. M.P. Antonio Barrera Carbonell.
- C-189 de 1998. M.P. Alejandro Martínez Caballero.
- C-661 de 2000. M.P. Álvaro Tafur Galvis.
- C-635 de 2000. M.P. Álvaro Tafur Galvis.

- C-484 de 2000. M.P. Alejandro Martínez Caballero.
- C-840 de 2001. M.P. Jaime Araujo Rentería.
- C-619 de 2001. M.P. Marco Gerardo Monroy Cabra.
- C-557 de 2001. M.P. Manuel José Cepeda Espinosa.
- •C-477 de 2001. M.P. Marco Gerardo Monroy Cabra.
- C-364 de 2001. M.P. Eduardo Montealegre Lynett.
- C-977 de 2002. M.P. Manuel José Cepeda Espinosa.
- C-919 de 2002. M.P. Alfredo Beltrán Sierra.
- C-648 de 2002. M.P. Jaime Córdoba Triviño.
- C-619 de 2002. M.P. Jaime Córdoba Triviño Y Rodrigo Escobar Gil.
- C-309 de 2002. M.P. Jaime Córdoba Triviño.
- C-131 de 2002. M.P. Jaime Córdoba Triviño.
- C-340 de 2007. M.P. Rodrigo Escobar Gil.
- C-077 de 2007. M.P. Jaime Araújo Rentería.
- C-382 de 2008. M.P. Rodrigo Escobar Gil.
- C-557 de 2009. M.P. Luis Ernesto Vargas Silva.
- T-575 de 2011. M.P. Juan Carlos Henao.
- C-836 de 2013. M.P. Gabriel Eduardo Mendoza Martelo.
- C-512 de 2013. M.P. Mauricio González Cuervo.
- C-338 de 2014. M.P. Alberto Rojas Ríos.
- T-774 de 2014. M.P. Jorge Ignacio Pretelt Chaljub.
- SU-498 de 2016. M.P. Gloria Stella Ortiz Delgado.
- C-101 de 2018. M.P. Jorge Iván Palacio Palacio.
- C 132 de 2018. M.P. Alberto Rojas Ríos.
- Decreto 403. Por el cual se dictan normas para la correcta implementación del Acto Legislativo 04 de 2019 y el fortalecimiento del control fiscal. Diario Oficial Año CLVI. N0. 51258. 16 De Marzo 2020.
- Decreto 624. Por el cual se expide el Estatuto Tributario de los impuestos administrados por la Dirección General de Impuestos Nacionales. Diario Oficial No. 38756. 30 de marzo1989. Pág. 1.
- Díaz Barrera, P. (2013). Gestión del Proceso de Responsabilidad Fiscal. Preguntas y Respuestas.ISBN: 978-958-99001-9-2.
- Diaz, J. M. (1995). los seguros en el nuevo régimen de contratación administrativa. Colombo editores.
- Drake, P (1983. Primera Misión Kemmerer, Prosperidad al Debe. Economía colombiana.

- Gaceta del Congreso No. 153. 27 de marzo de 2019.
- Giraldo, C. (1991). Hacienda pública y control fiscal: el control sobre el poder o el poder sobre el control. Economía colombiana.
- Gómez Latorre, A. (1983). Antecedentes históricos de la Contraloría. Revista de la Contraloría General de la República.
- Gómez Lee, I. D. (2021). Fundamentos de la responsabilidad fiscal en Colombia. Tirant Lo Blanch.
- González, M. (1982) Las rentas del Estado. Instituto Colombiano de Cultura.
- Henao, j. c. (1998). el daño. Análisis comparativo de la responsabilidad extracontractual del Estado en derecho colombiano y francés. Universidad Externado de Colombia.
- Hinestroza, F. (2006). La Prescripción Extintiva, La prescripción extintiva. Editorial Universidad Externado de Colombia.
- Jaramillo, E. (1930). Tratado de hacienda pública. Mundo al día.
- Laguna De Paz, J. C. (2020). El Principio De Responsabilidad Personal En Las Sanciones Administrativas. Revista de Administración Pública.
- Ley 1437. Por la cual se expide el Código de Procedimiento Administrativo y de lo Contencioso Administrativo. Diario Oficial Año CXLV. No. 47956. 18 de enero 2011. Pág. 1.
- Ley 1474. Por la cual se dictan normas orientadas a fortalecer los mecanismos de prevención, investigación y sanción de actos de corrupción y la efectividad del control de la gestión pública. Diario oficial Año CXLVII. No. 48128. 12 de julio 2011. Pág. 1.
- Ley 2080. Por medio de la cual se reforma el código de procedimiento administrativo y de lo contencioso administrativo -ley 1437 de 2011- y se dictan otras disposiciones en materia de descongestión en los procesos que se tramitan ante la jurisdicción. Diario oficial Año CLVI. N0. 51568. 25 de enero 2021. Pág. 1)
- Ley 610. Por la cual se establece el trámite de los procesos de responsabilidad fiscal de competencia de las contralorías. Diario Oficial Año CXXXVI. N0. 44133. 18 de agosto 2000. Pág. 1.
- Ley 732. Por la cual se expide el Código Disciplinario Único. Diario oficial Año CXXXVII. No. 44708. 13 de febrero 2002. Pág. 1.
- López Garavito, L. (1992). Historia de la hacienda y el tesoro en Colombia, 1821-1900. Banco de la República.
- Parra Ortiz, H, (2010). El Proceso Administrativo de Cobro Coactivo. Grupo Editorial Nueva Legislación.
- Ríos López, C. (2020). Sistema de la responsabilidad Una teoría integral para los ámbitos civil y penal. Editorial Astrea Fecha. ISBN: 9789877063028.

- Ríos, W. A. (2016). Responsabilidad solidaria en los contratistas independientes. Ambiente Jurídico.
- Sánchez Torres, C. A. (2007). Aspectos sustanciales de la responsabilidad fiscal en Colombia. Universidad Sergio Arboleda.
- Sanchis, L. (1990). Estudios sobre derechos fundamentales, Editorial Debate.
- Santofimio Gamboa, J. O. (1998). Tratado de derecho administrativo. Universidad Externado de Colombia.
- Santofimio Gamboa, J. O. (2003). Tratado de derecho administrativo, Universidad Externado de Colombia.
- Téllez Roncancio, C. A. (2010). La responsabilidad patrimonial solidaria del delegante en la Contratación Estatal. Revista Via Iuris.
- Uribe Sotomayor, O. A. (2011). Gestión fiscal de los funcionarios públicos y particulares que participan en contratación estatal como elemento estructural de responsabilidad fiscal. Universidad Libre De Colombia.
- Vásquez Miranda, W. (2000) Control fiscal y auditoría de estado en Colombia U. Jorge Tadeo Lozano.
- Younes Moreno, D. (1987). Régimen de Control Fiscal. Temis.
- Younes Moreno, D. (1995). Nuevo régimen del control fiscal. Biblioteca Jurídica Diké.

APUNTES GENERALES SOBRE EL CONTROL
Y LA RESPONSABILIDAD FISCAL EN COLOMBIA,
de LUCY JEANNETTE BERMÚDEZ BERMÚDEZ, se imprimió
en la República Argentina en febrero de 2022.

www.ingramcontent.com/pod-product-compliance
Lightning Source LLC
LaVergne TN
LVHW082240051026
849532LV00012B/4054
9789564071596